BIBLIOTHÈQUE POPULAIRE
CENTRALE
DE NANTES

Société Philanthropique d'Instruction et d'Education

FONDÉE EN 1872

SIÈGE SOCIAL : **1, Rue Dugommier, 1**

STATUTS, RÈGLEMENTS
ET
CATALOGUE GÉNÉRAL

N° ....

SEPTEMBRE 1922

IMPRIMERIE H. LANDRY
3, 5, 7, Rue Beau-Soleil
NANTES
Téléphone : 9-06

Bibliothèque Populaire

CENTRALE

DE NANTES

SIÈGE SOCIAL : 1, RUE DUGOMMIER, 1

Statuts et Règlement

SEPTEMBRE 1922

BIBLIOTHÈQUE POPULAIRE

Inaugurée par Louis BLANC, le 14 Février 1872

Membres Fondateurs	Membres Donateurs
MM.	MM.
RÉCIPON	Louis BLANC
Docteur GUÉPIN	Victor HUGO
NORMAND	De GASPARIN
LUCAS DE PESLOUAN	LAROCQUE
LAISSANT	CORBEL
LE CERCLE FRANKLIN	ALLIEZ
FERRER	PAILLUSSIÈRE
COLOMBEL	Calixte PELTIER
ERNEST	CATILLON
JOUSSEAUME	AUDIGIER
ETIENNEZ	CATROUX
LEGAL	GOMER
LECHAT	GAUTHIER
FLORNOY	LEFÈVRE
RIOM	PELLEREAU
DUVAL	PLACIER
BRISSONNEAU	NICOLON
SARRADIN	LEBOUCHER
VIAL	COICAUD
GARNIER	LAURENCE, etc.

NOTICE

« La puissance et la grandeur des nations sont en raison « directe de leur niveau intellectuel. Plus un peuple est « instruit, plus ce peuple est grand... »

C'est par ces mots que débutait l'allocution de M. Récipon à l'Assemblée générale des Membres de la Bibliothèque Populaire, au mois de décembre 1873.

Au début de l'année précédente, un groupe de citoyens animés du désir de répandre l'instruction parmi la classe laborieuse, avaient fondé à Nantes la première Bibliothèque Populaire, et l'avaient placée sous les auspices du vénéré docteur GUÉPIN et de l'éminent historien Louis BLANC.

Fonctionnant depuis plus de cinquante années, cette œuvre s'adresse tout particulièrement aux travailleurs des deux sexes, ouvriers et employés du commerce et de l'industrie ; elle permet à tous, moyennant une cotisation des plus minimes, d'acquérir la connaissance des diverses manifestations de la pensée humaine : Littérature, Philosophie, Science, Histoire, Économie politique, Géographie, Ouvrages techniques et professionnels, etc.

Les Conseils d'administration qui s'y sont succédé jusqu'à ce jour se sont efforcés de réaliser, dans la mesure des ressources de la Société, des améliorations à l'augmentation du nombre de ses adhérents.

Actuellement, l'ensemble des ouvrages catalogués forme plus de 12.000 volumes.

Des conférences, organisées dans le courant de l'hiver, ont été offertes aux adhérents.

De plus, une Salle de Lecture, annexée au prêt des livres, leur permet la lecture sur place de journaux quotidiens de Nantes et de Paris, de Revues périodiques et de diverses publications illustrées.

STATUTS

ARTICLE PREMIER

La *Bibliothèque Populaire Centrale de Nantes*, fondée en 1872, sous les auspices de Louis Blanc et du docteur Guépin, et maintenue par voie de coopération, est une Association philanthropique qui a pour but de mettre à la disposition de ses adhérents les livres, les journaux et autres publications lui appartenant.

Le siège de la Société est au local de la Bibliothèque.

ART. 2

Toute personne désirant faire partie de la *Bibliothèque Populaire* devra être présentée par deux Sociétaires, ou par un Membre de la Commission administrative.

A défaut de présentateurs, elle devra effectuer un dépôt de garantie, dont le chiffre sera fixé par la Commission.

Les militaires ne peuvent être admis que sur la présentation de Sociétaires civils.

Les jeunes gens des deux sexes ne peuvent pas être admis avant d'avoir dix-huit ans révolus.

Les nom, profession et adresse des Membres proposés, avec ceux de leurs présentateurs, seront inscrits sur un registre spécial pour être soumis à l'examen de la Commission administrative qui, dans sa réunion mensuelle, en prononcera l'acceptation ou le rejet, à la majorité des Membres présents.

ART. 3

Sont Sociétaires :

1° Les Fondateurs qui versent un capital de CENT FRANCS ;

2° Les Adhérents qui s'engagent pour une année, à partir du mois dans lequel ils sont entrés, à verser une cotisation de CINQUANTE CENTIMES PAR MOIS **payable d'avance par trimestre.**

Chaque Sociétaire reçoit, au moment de son adhésion, une carte personnelle et un bulletin de demande, qui lui sont remis contre versement d'un droit d'entrée de CINQUANTE CENTIMES ; il reçoit également un exemplaire imprimé des statuts, règlement et catalogue général, au prix de vente fixé par la Commission administrative.

ART. 4

Les ressources de la Société sont :

1° Les fondations et donations annuelles ;
2° Les droits d'entrée, cotisation et amendes ;
3° La vente des cartes, statuts et catalogues ;
4° Les dons en livres et subventions diverses,

ART. 5

La *Bibliothèque Populaire Centrale de Nantes* est administrée par une Commission élue à la majorité des Membres présents à l'Assemblée générale annuelle.

Possèdent le droit de vote, et sont éligibles, les Sociétaires, admis dans la Société, depuis trois ans au moins.

Toutefois, la Commission peut dispenser du stage sus-indiqué les Sociétaires qui auront rendu des services à la Bibliothèque ou à l'instruction publique.

La Commission est composée de vingt et un Membres renouvelables par tiers tous les ans, lesquels sont rééligibles.

ART. 6

L'Assemblée générale ordinaire a lieu au mois de janvier de chaque année.

Dans le courant du mois précédent, la Commission administrative dresse une liste des Membres sortants et des Membres proposés. Cette liste est en permanence, pendant une durée minimum de quinze jours, placée dans la salle de lecture à la disposition de tous les Sociétaires.

Toute motion ou proposition doit, pour être mise en délibération, être déposée au siège social, au moins huit jours avant la date fixée pour cette Assemblée.

Les décisions de l'Assemblée ordinaire sont prises à la majorité des votants.

Des Assemblées extraordinaires pourront être provoquées par la Commission, quand elle le jugera nécessaire.

Sur demande signée par le quart au moins des Sociétaires possédant le droit de vote, et tendant à la convocation d'une Assemblée extraordinaire, la Commission devra faire cette réunion dans un délai d'un mois.

Les questions soumises à une Assemblée extraordinaire, et entraînant modification des statuts, ne pourront être résolues que si la majorité des votants représente le quart au moins des Sociétaires.

Au cas où le *quorum* précité ne serait pas atteint, la Commission pourra provoquer une seconde Assemblée, dont les décisions seront valables, quel que soit le nombre des Sociétaires présents.

ART. 7

L'avis de convocation pour les Assemblées générales est inséré dans les journaux locaux, avec l'indication de l'ordre du jour de la séance.

Les Sociétaires en sont en même temps informés par affiche placardée au siège social.

ART. 8

Dans la huitaine qui suit son élection, la Commission administrative se réunit pour vérifier ses pouvoirs et élire son Bureau, composé de :

Un Président — Deux Vice-Présidents — Un Secrétaire — Un Trésorier — Un Bibliothécaire — Un Econome-Archiviste.

Sur la proposition des titulaires, la Commission pourra désigner des adjoints choisis parmi ses Membres.

La Commission pourra également conférer l'honorariat après dix années de fonctions.

Les Membres honoraires auront droit d'assister aux séances de la Commission, avec voix consultative.

Les fonctions de Membres de la Commission sont entièrement gratuites.

ART. 9

Le Président de la Commission administrative devient, pour l'année, le Président de la *Bibliothèque Populaire*.

Il veille aux intérêts généraux de la Société et la représente en toutes circonstances.

Il peut se faire remettre les registres des Membres du Bureau, sauf à en donner récépissé.

En cas d'absence ou d'empêchement du Président, les Vice-Présidents, par ordre d'élection, le remplacent dans toutes ses attributions.

ART. 10

Le Secrétaire rédige les procès-verbaux des séances de la Commission administrative et des Assemblées générales, et les transcrit sur un registre spécial.

Il est chargé de la correspondance et de l'envoi des convocations.

ART. 11

Le Trésorier encaisse les cotisations, fait recette de tous fonds adressés à la Société, solde les dépenses ordinaires et, sur visa du Président, les dépenses imprévues.

Il est responsable des sommes qui lui sont confiées.

Dans chaque séance mensuelle de la Commission, il fait l'exposé détaillé de son compte rendu financier, et tient ses livres à la disposition de la Commission.

En fin d'année, il présente à l'Assemblée générale l'état de la caisse et le détail des opérations y relatives.

ART. 12

Le Bibliothécaire est chargé de la rédaction du catalogue des ouvrages. Il fait assurer, par le personnel employé, le service du prêt des livres aux Sociétaires. Il dirige le classement des volumes, et opère leur remplacement.

Il entretient la Commission de tous les actes résultant de sa fonction, et lui présente en fin d'année, pour être lu en Assemblée générale, son rapport sur la situation matérielle et morale de la Société.

ART. 13

L'Économe-Archiviste est chargé de la conservation et de l'entretien du mobilier et du matériel.

Il s'occupe du chauffage, de l'éclairage et autres questions du même ordre.

Il a la charge du classement et de la conservation des archives de la Société.

ART. 14

Les fonctions de la Commission consistent :

Dans l'établissement du budget annuel, l'admission des Sociétaires proposés, le choix des nouveaux ouvrages à acquérir, l'élaboration et l'application des règlements intérieurs, et enfin l'exécution de tous les actes administratifs de la Société.

ART. 15

La commission administrative se réunit en séance ordinaire dans la première quinzaine de chaque mois, à huit heures du soir, au siège social ; elle est convoquée par lettres-circulaires indiquant l'ordre du jour.

En outre, des séances extraordinaires pourront avoir lieu aussi souvent que les intérêts de la Société l'exigeront.

Les votes de la Commission ne sont valables que si le nombre de Membres présents est au moins de sept.

ART. 16

Tout Commissaire qui, sans excuses valables, aura manqué à six séances consécutives, sera considéré comme démissionnaire.

ART. 17

En cas de démission collective de Sept Membres au moins de la Commission, les Sociétaires devront être, dans le délai d'un mois, convoqués en Assemblée générale, afin de pourvoir, par de nouvelles élections, à leur remplacement.

ART. 18

Chacun des Membres de la Commission devient solidaire du paiement du loyer avec les signataires du bail.

Ce loyer devra être acquitté d'avance et par semestre.

Le montant de la période en cours du bail devra constamment exister en réserve d'espèces inaliénables.

De plus, la Commission administrative devra veiller à ce que les risques Incendie et Accidents-travail du personnel soient toujours couverts par des contrats d'assurance.

ART. 19

Tout Membre de la Société peut, par une demande écrite adressée au Secrétaire, avoir communication du registre des procès-verbaux des séances de la Commission.

Ce registre sera tenu à sa disposition, dans la salle de lecture, le deuxième samedi du mois, de 8 à 9 heures du soir.

ART. 20

Aucun Sociétaire ne peut se réclamer d'un droit quelconque, s'il n'est à jour des sommes dues par lui à la Société.

La cotisation étant payable d'avance, le versement devra être effectué, avant tout échange de livres, au commencement du premier mois de chaque trimestre (Janvier, Avril, Juillet et Octobre).

Passé la date du 20 courant de ces mois, il sera appliqué une **amende de retard** de VINGT-CINQ CENTIMES qui devra être payée en même temps que la cotisation.

ART. 21

Tout Sociétaire dont les cotisations se trouveront être non réglées depuis plus de six mois, sera, de plein droit, RADIÉ de la liste des Membres actifs.

Pour pouvoir être réadmis ultérieurement, il devra d'abord se libérer des sommes dues par lui au moment de sa radiation, et remplir de nouveau toutes les conditions exigées pour les admissions ordinaires.

ART. 22

La Commission administrative peut prononcer la radiation d'un Membre dont les retards (paiement des cotisations ou rentrée des ouvrages empruntés) seraient trop fréquents ou trop prolongés ; pour refus de se conformer au règlement de la Société ; ainsi que pour tout autre motif d'ordre général.

Le Membre ainsi radié est avisé de son exclusion par simple lettre, et ne peut être réadmis que par une décision spéciale de la Commission.

ART. 23

Le Sociétaire qui désire se retirer doit, après expiration de son année de sociétariat, remettre sa **démission par écrit** à l'adresse de la Commission administrative, rendre sa carte avec les ouvrages empruntés et solder les sommes dues par lui à la Société.

A défaut, il est toujours considéré comme Sociétaire, et ses cotisations, continuant de courir, lui seront réclamées.

L'interruption de lecture pendant un ou plusieurs mois ne peut, en aucun cas et quel qu'en soit le motif, dispenser du paiement intégral des cotisations.

ART. 24

La *Bibliotheque Populaire Centrale* reçoit avec reconnaissance les ouvrages qui lui sont offerts à titre de don.

Il est dressé, par les soins de la Commission administrative, un tableau des Fondateurs et des Donateurs.

Ce tableau est apposé dans le local de la Société.

ART. 25

En cas de dissolution de la Société, l'actif restant, après règlement des dettes sociales, devra être attribué, par les soins de la Commission administrative en exercice, à des œuvres similaires à la nôtre.

RÈGLEMENT

Les ouvrages sont prêtés aux sociétaires sur la présentation de leur Carte de sociétaire, accompagnée d'un Bulletin de demande qui devra être établi conformément aux instructions imprimées en tête du dit bulletin.

CONDITIONS DU PRÊT.

Il est délivré à chaque sociétaire deux volumes, qui lui sont prêtés pour une **durée maximum** de trois semaines.

A l'expiration de ce délai, une **amende de retard** de VINGT-CINQ CENTIMES sera appliquée à leur détenteur.

RÉINSCRIPTION EN COURS DE LECTURE.

Sur la demande du sociétaire, il pourra lui être accordé une **réinscription** d'ouvrages d'étude ou de travail, mais uniquement pour une seconde période de trois semaines.

Cette tolérance ne pourra, en aucun cas, être appliquée aux volumes catalogués dans la série M romans.

CONDITIONS DE L'ÉCHANGE.

Chaque sociétaire a droit de faire une opération d'échange **chaque semaine**, c'est-à-dire d'échange : soit les deux volumes présentés ensemble, soit un volume seulement.

CARTE SPÉCIALE.

Aux sociétaires qui désirent pouvoir faire un échange plus fréquent, il est délivré, en remplacement de leur carte ordinaire, une Carte Spéciale donnant faculté de faire une opération d'échange **chaque jour ouvrable** moyennant une cotisation de TROIS FRANCS par trimestre, payable d'avance. — Toutefois, le remplacement d'une carte spéciale par une carte ordinaire ne peut se faire qu'au renouvellement de la carte annuelle.

Dans l'intérêt de tous, il est instamment recommandé aux lecteurs d'avoir le plus grand soin des livres qui leur sont prêtés.

Ils devront éviter notamment : — de les salir ou de les tacher ; — de briser la reliure en les ouvrant brusquement ou d'une façon exagérée ; — de corner les pages ou de les tourner à l'aide du doigt mouillé.

Les annotations, signes ou marques quelconques sont absolument interdits.

RENTRÉE DES LIVRES.

Les livres rendus devront être remis par les sociétaires entre les mains des Préposés, qui en constateront l'état.

Toute dégradation ou détérioration provenant du fait d'un lecteur, ainsi que, naturellement, la perte d'ouvrages prêtés, sera mise à la charge de celui-ci.

En cas de refus par ce lecteur de réparer le dommage causé, il peut y être contraint par les voies de droit, et devient passible de l'exclusion de la Société.

COTISATIONS.

Les cotisations sont reçues aux jours et l'heure d'ouverture de guichet de prêt des livres.

Les sociétaires devront faire apposer, sur leur carte, le timbre spéciale indiquant le montant du versement effectué.

SALLE DE LECTURE.

Cette salle, réservée, est mise à la disposition des **titulaires** de cartes qui, **seuls** et **personnellement,** y ont droit d'accès.

La présence d'aucune autre personne ne peut être admise, sous quelque prétexte que ce soit.

Tout lecteur présent dans cette salle doit être muni de la carte établissant sa qualité de sociétaire.

Les journaux et tous autres ouvrages placés dans cette salle sont destinés à la lecture sur place ; il est formellement interdit de les emporter au dehors.

RÉCLAMATIONS.

Un registre est déposé, au guichet du prêt des livres pour recevoir l'indication d'ouvrage non au catalogue, dont les sociétaires désireraient voir faire l'acquisition par la Société ; ainsi que les observations ou réclamations qu'ils croiraient devoir formuler.

Toute demande doit porter la signature lisible de son auteur ainsi que le numéro de sa carte de sociétaire.

La Commission administrative, dans chacune de ses séances mensuelles, prend connaissance de ce registre, et indique, en marge, la solution qu'elle a adoptée.

Par mesure d'ordre général, il est interdit :

De fumer dans les locaux de la Bibliothèque ; d'y amener des chiens ; d'y tenir des conversations ou d'y avoir une attitude de nature à troubler le bon ordre.

Le service de la *Bibliothèque Populaire Centrale de Nantes* est effectué comme suit :

PRÊT DES LIVRES

Les **lundi, mardi, jeudi, vendredi, samedi :**

De **9** heures à **11** heures du matin ;
De **1** heure à **7** heures du soir.

SALLE DE LECTURE

Ouverte tous les jours de la semaine :

De **9** heures du matin à **7** heures du soir.

Les Salles de la Bibliothèque sont fermées les Dimanches et Jours fériés.

DÉCLARATION D'ASSOCIATION

La déclaration prévue par l'article 5 de la loi du 1er juillet 1901 a été faite par notre Société le 15 décembre 1909, suivant récépissé n° 173 de la Préfecture de la Loire-Inférieure.

Elle est insérée au Journal officiel du 28 décembre 1909, page 12279.

IMPRIMERIE H. LANDRY
3, 5, 7, Rue Beau-Soleil
NANTES
Téléphone : 9-06.

BIBLIOTHÈQUE POPULAIRE CENTRALE

DE NANTES

1 Rue Dugommier, 1

BIBLIOTHÈQUE POPULAIRE
CENTRALE
DE NANTES

Société Philanthropique d'Instruction et d'Education

FONDÉE EN 1872

SIÈGE SOCIAL : **1, Rue Dugommier, 1**

CATALOGUE GÉNÉRAL

SEPTEMBRE 1922

DIVISIONS DU CATALOGUE

N. B. — Le tiret placé sous le titre d'un volume indique un autre exemplaire du même ouvrage.

CATALOGUE GÉNÉRAL

DE LA

Bibliothèque Populaire Centrale

DE NANTES

A. — Philosophie, Morale.

111 AIMÉ-MARTIN. Descartes.
66 AROUET. Echos de l'esprit moderne.
6 ARRÉAT (Lucien). La morale dans le drame et l'épopée.
49 — Dix années de philosophie.
109 — Les croyances de demain.
2 ART (Georges). Pour développer notre mémoire.
110 BERGSON et POINCARÉ. Le matérialisme actuel.
9 BINET (Alfred). L'âme et le corps.
22 — Les idées modernes sur les enfants.
156 BIOTTOT. Jeanne d'Arc devant la science.
161 BONNEFON. (J. DE) Les belles œuvres et les autres.
29 BONNEMÈRE (Eugène). L'âme et ses manifestations.
99 BOSSUET. Discours sur l'histoire universelle.
100 — Méditations sur l'Evangile.
30 BOUGLÉ. (C.). Qu'est-ce que la sociologie ?
106 BOUILLY. Conseils à ma fille.
86 BOURDE (Paul). Le patriote.
104 BOUTROUX (Emile). Science et religion.
8 BRANTOME. Discours sur les duels.
147 BRUYSSEL (E. van). La vie sociale et ses évolutions.
88 CARLYLE (Th.). Les héros et le culte des héros.
68 CLADEL (Dr). Les principes au XIXe siècle.
47 COMMELIN. Mythologie grecque et romaine.
116 COMPAYRÉ (G.). Jean Macé et l'instruction obligatoire.
63 COMTE (Aug.). Principes de philosophie positive.
160 — Cours de philosophie positive.
95 CONDILLAC (DE). Cours d'étude pour l'instruction des jeunes gens. 5 *vol.*
23 — Traité des systèmes.
24 — Traité des sensations.
25 — La logique.
7 COUSIN (Victor). Cours de l'histoire de la philosophie.

NOTA : Les ouvrages précédés du signe * sont à la portée des jeunes gens.

124 Le Dantec (F.). Le conflit.
159 — De l'Homme à la Science.
87 Lefebvre Saint-Ogan. Essai sur l'influence française.
497 Lemaistre de Sacy. La Sainte Bible. [illegible] vol.
157 Lodge (Ol.). La vie et la matière.
13 Mably (de). Principes de morale.
125 Mach (Ern). La connaissance et l'erreur.
142 Malapert. Aux jeunes gens.
92 Malebranche. Œuvres.
12 Marion (Henri). Leçons de pyschologie.
27 — Leçons de morale.
32 Martin (Alexandre). L'éducation du caractère.
61 Martin (B.). Dix ans de prison au mont St Michel.
59 Masson (Michel). Le dévouement.
60 Mauxion (Marcel). L'évolution de la moralité.
74 Michelet (Jules). Le prêtre, la femme et la famille.
113 Moreux (abbé). Que deviendrons-nous après la mort ?
499 [illegible]. Nouvelles études de mythologie.
158 Nietzsche (B.). Humain, trop humain.
28 Nordau (Max). Les mensonges conventionnels de notre civilisation.
[illegible] — Psycho-physiologie du génie.
93 — Paradoxes sociologiques.
117 Papillon (F.). Histoire de la philosophie moderne. 2 vol.
19 Parfait (Paul). L'arsenal de la dévotion.
53 — Le dossier des pèlerinages.
67 — La foire aux reliques.
11 Pascal (Blaise). Lettres écrites à un provincial.
31 — Pensées.
118 Pécault (Félix). Quinze ans d'éducation.
1 Pelletan (Eugène). Dieu est il mort ?
72 — La mère.
115 Périé (R.). L'école du citoyen.
85 Petit (Maxime). Le courage civique.
15 Quinet (Edgard). Le génie des religions.
73 — La République.
90 — L'esprit nouveau.
503 Rebelliau (A.). Bossuet historien du protestantisme.
140 Reinach (S.). Histoire générale des religions.
10 Renan (Ernest). Le prêtre de Némi.
119 — Fragments intimes et romanesques.
16 — Jésus.
183 — —
126 — Vie de Jésus.
127 — —
133 — Études d'histoire religieuse.
134 — Les apôtres.
[illegible] — L'Antechrist.
84 Renaud (Armand). L'héroïsme.
155 Réville (Albert). Histoire du dogme de la divinité de Jésus-Christ.
[illegible] Rey (Abel). La philosophie moderne.
[illegible] — —
[illegible] Reynaud (Jean). L'esprit de la Gaule.
[illegible] Ribot (Th.). La philosophie de Schopenhauer.
500 — La logique des sentiments.

139 Richer (Léon). Lettres d'un libre-penseur.
114 Richet (Charles). Dans cent ans.
495 — Le passé de la guerre et l'avenir de la paix.
501 Ruyssen (Théodore). Kant.
165 Sageret (Jules). La Religion de l'Athée.
26 Sauvestre (Charles). Sur les genoux de l'Eglise.
135 — Instructions secrètes des jésuites.
21 Scholl (Aurélien). Le procès de Jésus-Christ.
105 Schuré (Edouard). Les grands initiés.
164 — L'Ame celtique et le génie de la France.
75 — Simon (Jules) La liberté de conscience.
77 Souriau (Paul). Les conditions du bonheur.
155 Spinoza. Ethique.
29 Spuller. Loyola et la Compagnie de Jésus.
136 Toulouse (docteur). Comment former un esprit.
137 — Comment se conduire dans la vie.
120 Vial (F.). Condorcet et l'éducation démocratique.
48 Voituron. Le libéralisme et les idées religieuses.
14 Voltaire. Dictionnaire philosophique.
498 — —
44 — Essais sur les mœurs et l'esprit des nations. 4 *vol.*
45 — Philosophie. 3 *vol.*
46 — Dialogues et entretiens philosophiques.
97 — Bible expliquée. Ancien testament.
144 — Le philosophe ignorant. Dialogues.
37 Wagner (Ch.). Jeunesse.
62 — L'âme des choses.
76 — Par le sourire.
78 — La vie simple.
58 Zurcher et Margollé. L'énergie morale.
4 *** Les horizons prochains.
41 *** Les hommes providentiels.
56 *** Vesper.
81 *** Les horizons célestes.
128 *** La politique des jésuites.
502 *** Le Coran et la vie de Mahomet. 2 *vol*

B. — Biographies, Mémoires.

116 Acher. Abrégé des vies de Plutarque. 4 *vol.*
123 Acker (Paul). Petites confessions. 2 *vol.*
258 — Humour et humoristes.
100 Adam (Adolphe). Souvenirs d'un musicien.
80 — Derniers souvenirs d'un musicien.
210 Adam (Mme). Le roman de mon enfance et de ma jeunesse.
211 — Mes premières armes littéraires et politiques.
212 — Mes sentiments et nos idées avant 1870.
213 — Mes illusions et nos souffrances pendant le siège de Paris.
214 — Mes angoisses et nos luttes.
215 — Nos amitiés politiques avant l'abandon de la revanche.

216 ADAM (Mme). Après l'abandon de la revanche.
86 — Le siège de Paris. (Journal d'une parisienne).
45 ANASTASI (Aug.). Nicolas Leblanc.
18 ANQUEZ (L.). Le chancelier de l'Hospital.
34 ASSELINE (Alfred). Victor Hugo intime.
55 AUBRY (J. H.). Edouard VII intime.
197 — La reine Alexandra.
218 — La reine Victoria intime.
63 AUDEBRAND (Ph.). Souvenirs de la tribune des journalistes (1848-1852).
232 AUDOUARD (Mme). Silhouettes parisiennes.
2 BADIN (Adolphe). Duguay-Trouin.
8 — Jean-Bart.
19 BAGUENIER-DÉSORMEAUX. Promenades historiques.
121 BAÏHAUT (Ch.) Impressions cellulaires.
233 BARBEY D'AUREVILLY. Mémoires historiques et littéraires.
234 — Littérature épistolaire.
62 BARBIER. Chronique de la régence et du règne de Louis XV.
16 BARRAL (Georges). Claude Bernard.
26 BARTHOU (L.). Les Amours d'un poète.
108 BASTARD (G.). Le général Mellinet en Afrique.
72 BAYET et ALBERT. Les écrivains politiques du 19e siècle.
171 BELLAIGUE (C.). Portraits et silhouettes de musiciens.
254 BERGERAT (Emile). Souvenirs d'un enfant de Paris, 4 *vol.*
226 BERLIOZ (Hector). Les musiciens et la musique.
4 BIRÉ (Edmond). Victor Hugo après 1852.
50 BIZOS (Gaston). Fénelon éducateur.
156 BLUYSEN (Paul). Félix Faure intime.
163 BOIGNE (comtesse DE). Mémoires. 4 *vol.*
10 BOISSONAS (Mme). Souvenirs du général R. Lee.
7 BONNECHOSE (DE). Bertrand Duguesclin.
20 — Lazare Hoche.
32 BORDEAUX (Henry). La vie et l'art.
9 BORDONE (général). Garibaldi : sa vie, ses aventures.
104 BRISSON (Adolphe). Portraits intimes. 5 *vol.*
150 — L'envers de la gloire.
68 BRUNSCHVICG (Léon). Cambronne.
54 BURTY (Philippe). Maîtres et petits-maîtres.
225 CABANÈS (docteur). Marat inconnu.
23 — Folie d'empereur.
56 — Légendes et curiosités de l'histoire. 3 *vol.*
78 — Le cabinet secret de l'histoire. 5 *vol.*
118 — Les indiscrétions de l'histoire. 6 *vol.*
164 — Mœurs intimes du passé. 4 *vol.*
194 — Les morts mystérieuses de l'histoire. 2 *vol.*
262 — Fous couronnés.
67 CANLER. Mémoires. 2 *vol.*
204 CARACCIOLO. Victor-Emmanuel III intime.
61 CARETTE (Mme) Madame de Motteville.
151 — —
35 — Souvenirs de la Cour des Tuileries. 2 *vol.*
79 — La baronne d'Oberkirch.
95 CARO (E). George Sand.

69 CASTELLANI (Ch.). Confidences d'un panoramiste.
91 CATTELAIN (P.). Mémoires du chef de la Sûreté sous la Commune.
186 CAYLUS (Mme DE). Souvenirs.
107 CHASLES (Ph.). Encore sur les contemporains.
114 CHASSIN (Ch.-L.). Edgar Quinet, sa vie et son œuvre.
44 CHENU (A). Les conspirateurs.
27 CHINCHOLLE (Charles). Femmes et rois.
87 CHOISEUL (duc DE). Mémoires (1719-1785).
198 COLLEVILLE (comte DE). Pie X intime.
199 — Le duc d'Orléans intime.
4 — Carlos Ier intime.
200 — —
263 — Albert de Monaco intime.
13 CONDORCET (DE). Vie de Voltaire.
45 CORRÉARD (F.). Michelet.
120 — Michelet : son œuvre historique.
201 CROZE (Austin DE). Alphonse XIII intime.
130 DELABORDE (H.-F.). Jean de Joinville.
218 DELESCLUZE (Ch.). De Paris à Cayenne.
77 DELZANT (A.). Les Goncourt.
132 DESPIQUES (Paul). Soldats de Lorraine.
135 DIEHL (Charles). Figures byzantines.
269 DREYFOUS (M). Ce que je tiens à dire.
270 — Ce qu'il me reste à dire.
146 DUCREST (Georgette). Mémoires de l'Impératrice Joséphine.
3 DUPREZ (G.). Souvenirs d'un chanteur.
227 EUDEL (Paul). Collections et collectionneurs.
158 FAY (miss). Lettres d'une musicienne américaine.
44 FEILLET (Alph.). Mémoires du cardinal de Retz.
167 FIX (colonel). Souvenirs d'un officier d'état-major. 2 vol.
94 FLAUBERT (Gustave). Correspondance. 4 vol.
230 FONCIN (P.). Les explorateurs.
21 FRANKLIN (Benjamin). Mémoires.
22 — Correspondance. 3 *vol.*
202 FREDDY (G.). Léopold II intime.
39 FRESCALY. Journal de route et correspondance.
255 FREYCINET (Ch. DE). Souvenirs. 2 *vol.*
223 Galli (Henri). Gambetta et l'Alsace Lorraine.
235 GAUTIER (Th.). Portraits et souvenirs littéraires.
253 — Portraits contemporains.
82 GEFFROY (Gustave). L'enfermé.
278 GHEUSI (P.-B.). Gambetta, par Gambetta.
264 GINISTY (Paul). Anthologie du Journalisme.
96 GONCOURT (Edmond DE). Madame Saint-Huberty.
236 — Mademoiselle Clairon.
237 — La Guimard.
29 GONCOURT (E. et J. DE). Histoire de la société française pendant le Directoire.
209 — La Du Barry.
97 — Quelques créatures de ce temps.
257 — —
258 — Portraits intimes du 18e siècle.
136 GRAVIÈRE (J. DE LA). Souvenirs d'un amiral. 2 vol.

31 Guérin (L.). Les marins illustres de France.
126 Guy (Cam.). Mémoires historiques et militaires.
195 Halévy (Daniel). La vie de Nietzsche.
239 Halévy (Ludovic). Notes et souvenirs (1871-1872).
43 Hanotaux (G.). Henri Martin, sa vie, ses œuvres.
240 Harold (F.). Un jeune empereur (Guillaume II).
113 Heilly (G. d'). Cotillon III.
241 Hennequin (Emile). Quelques écrivains français.
196 Hepp (Al.). Ferdinand de Bulgarie intime.
203 Hoche (Jules). Guillaume II intime.
242 Houssaye (Arsène). Princesses de comédie.
187 H[illegible] (P. d'). Journal de G. Schumacher.
98 Hugo (Victor). Lettres à la fiancée.
279 — Choses vues.
224 Ideville (H. d'). Vieilles maisons et jeunes souvenirs.
92 Indy (Vincent d'). César Franck.
260 Jacob (P.-L. Curiosités de l'histoire de France.
65 Joly (Maurice). Le barreau de Paris.
42 Jouault (Alph.). George Washington.
46 — Abraham Lincoln.
105 Kock (Paul de). Mémoires.
47 Labouchère. Oberkampf (1738-1815).
6 Laferrière (Ad.). Souvenirs d'un jeune premier.
85 Lagardie (H. de). Causeries parisiennes.
52 Lamartine (A. de). Christophe Colomb.
88 — —
101 — Nouvelles confidences.
271 — Mémoires inédites (1790-1815).
165 Lambert (Albert). Sur les planches.
24 Lano (Pierre de). La cour de Berlin.
261 — La cour de Napoléon III.
133 Lapaire et Roz. La bonne dame de Nohant.
166 Lassouche. Mémoires anecdotiques.
75 Lavergne (Mme). Légendes de Trianon et Versailles.
76 — Légendes et chroniques de Montbriant.
243 Lazare (Bernard). Figures contemporaines.
147 Lazare (L.). La légende des rues.
115 Le Breton (A.). Balzac : l'homme et l'œuvre.
188 Lécuyer (R.). La révolution de Juillet.
244 Lefeuve (M.). Les anciennes maisons de Paris.
626 Lefranc (Pierre). Le livre d'or des peuples.
74 Legouvé (Ernest). 60 ans de souvenirs. 4 *vol.*
162 — Dernier travail, derniers souvenirs.
220 Legué (Dr). Médecins et empoisonneurs au 17e siècle.
159 Lemire (Ch.). Jules Verne (1828-1905).
90 Lenôtre (G.). Le vrai chevalier de Maison-Rouge.
117 — Le tribunal révolutionnaire (1793-1795).
154 — Les fils de Philippe-Égalité pendant la Terreur.
169 — Les massacres de septembre (1792).
170 — La fille de Louis XVI.
174 — Le marquis de la Rouërie (1790-1793).
175 — Tournebut (1804-1809).
184 — Vieilles maisons, vieux papiers. 4 *vol.*
229 — Le baron de Batz (1792-1795).
231 Lenôtre (G.). Les noyades de Nantes.

252 Lenôtre (G.). La guillotine pendant la Révolution.
177 Le Roux (Hugues). Portraits de cire.
176 Leudet (Maurice). Nicolas II intime.
161 Leyret (H.). Waldeck Rousseau et la 3e République.
250 Loiseleur (Jules). Problèmes historiques.
124 Lorédan-Larchey. Les cahiers du capitaine Coignet.
221 — Journal du canonnier Bricard.
51 Louis-Lande. Souvenirs d'un soldat.
183 Lucas (H.). Portraits et souvenirs littéraires.
57 Luther. Mémoires. 2 *vol.*
219 Madeleine (de la). Le comte de Raousset-Boulbon.
130 Mangin (Arthur). Les savants illustres de la France.
60 Marat. Ses pamphlets.
84 Marbot (général de). Mémoires. 3 *vol.*
205 Maricourt (de). Oscar II intime.
181 Mary Lafon. 50 ans de vie littéraire.
148 Masson (Frédéric). Napoléon et les femmes.
149 — Napoléon chez lui.
155 Maugny (de). Souvenirs du second Empire.
89 Michelet (Jules). Ma jeunesse.
49 — Mon journal (1820-1823).
59 Mirabeau. Les écrits.
11 Monselet (Charles). Les ressuscités.
178 — Les oubliés et les dédaignés.
193 — Portraits après décès.
134 Moore (Th.). Mémoires de Séridan. 2 *vol.*
222 Motteville (Mme de). Mémoires. 4 *vol.*
109 Mozart (W.-A.). Lettres.
173 Nicolle (Henri). Les souverains en pantoufles.
36 Nodier (Charles). Souvenirs de la Révolution et de l'Empire. 2 *vol.*
122 Nolhac (Pierre de). Marie-Antoinette Dauphine.
180 Normand (Ch.). Les amusettes de l'histoire.
28 Paoli (Xavier). Leurs Majestés.
256 Patenôtre (J.). Souvenirs d'un diplomate. 2 *vol.*
125 Péroz (Lt-Col). Par vocation.
30 Poinsot (G.) La vie de la duchesse de Berry.
127 Quinet (Mme Edg.). Cinquante ans d'amitié.
245 Rattazzi (Mme). La petite reine de Hollande.
81 Reiset (de). Belles du vieux temps.
152 Résumat (Mme de). Mémoires. 3 *vol.*
189 Rétif de la Bretonne. Les nuits révolutionnaires.
119 Rivet (Gustave). Victor Hugo chez lui.
66 Rochefort (Henri). Mes treize premières Lanternes.
73 — Mes aventures. 5 *vol.*
185 Rochejaquelein (Mise de la). Mémoires sur la guerre de Vendée.
93 Rodd (Rennell). Frédéric III.
246 Roger (G.). Le carnet d'un ténor.
128 Rojas (A.). Miranda dans la Révolution française.
157 Roland (Mme). Mémoires. 2 *vol.*
111 Roland (Emile). Beethoven.
71 Rolland (Romain). Musiciens d'autrefois.
99 Rosebery (lord). Napoléon : la dernière phase.
265 Rousse (Edmond). Mirabeau.

112 Roy (Émile). La vie et les œuvres de Charles Sorel.
33 Sainte-Beuve. Le général Jomini.
58 — Proud'hon; sa vie et sa correspondance.
247 — Chroniques parisiennes.
41 Saint-Martin (Jean). F.-V. Raspail.
53 Saint-Simon (de). Mémoires. 13 *vol.*
64 — — 4 *vol.*
153 Sand (George). Souvenirs et idées.
627 Sarrut et Saint-Edme. Biographie des hommes du jour. 4 *vol.*
206 Savine (Albert). Roosevelt intime.
83 Schneider et Mareschal. Schumann.
129 Sée (Henri). Bertrand Duguesclin et son temps.
190 Ségur (de). Souvenirs sur le règne de Louis XVI.
249 Selden (Camille). L'esprit des femmes.
248 Silvestre (Armand). Portraits et souvenirs (1886-1891).
12 Simon (Jules). Nouveaux mémoires des autres.
102 — Premières années.
103 — Le soir de ma journée. (*Suite*).
172 — Figures et croquis.
251 — Quatre portraits.
40 Spuller (Eugène). Figures disparues.
182 Taisey-Chatenoy (Mme). A la cour de Napoléon III.
168 Turquan (J.). Une illuminée au 19e siècle.
87 — La citoyenne Tallien.
106 Vallery-Radot. La vie de Pasteur.
160 Véron (Pierre). Boutique de plâtres.
191 Vigée-Le Brun (Mme). Souvenirs.
217 Vitu (Auguste). Le lendemain de l'Empire.
5 Wallon (H.). Jeanne d'Arc.
207 Weindel (H. de). François Joseph intime.
259 Welschinger (H.). Le roman de Dumouriez.
192 Williams (M.-H.). Le règne de Robespierre.
15 *** Guépin, de Nantes.
17 *** Les crimes des empereurs d'Allemagne.
25 *** François 1er et sa cour.
38 ***, M. Pasteur.
131 *** Le président Émile Loubet.
137 *** Souvenirs de Léonard, coiffeur.
138 *** Mémoires du duc de Lauzun.
139 *** Souvenirs d'un officier de la grande armée.
140 *** La famille royale au Temple.
141 *** Mémoires sur Madame de Pompadour.
142 *** Mémoires sur Fouché.
143 *** Sous la Terreur.
144 *** 1814 (manuscrit du baron Fain).
145 *** Mémoires secrets sur la régence.
146 *** Mémoires sur l'impératrice Joséphine.

C. — Histoire ancienne et moderne.

193 Alaux (G. d'). Soulouque et son empire.
191 Alhoy (Maurice). Les bagnes.
116 Allenet (Albert). L'accusé Bazaine.

261 Anquetil. Histoire de France. 4 vol.
234 Anthouard (d'). Les Boxeurs.
16 Arago (J.). Histoire de Paris (1841-1852). 2 vol.
168 Ardan (Michel). L'Épopée.
66 Armaillé (Cesse d'). Madame Élisabeth, sœur de Louis XVI.
126 Auger de Lassus. Le Forum.
268 Aulard (A.). Le patriotisme français de la Renaissance à la Révolution.
180 Barni (J.). Napoléon Ier et son historien, M. Thiers.
48 Bastide (Jules). Les guerres de religion en France.
271 Batifol (Louis). Les anciennes républiques alsaciennes.
95 Beauquier. Les dernières campagnes dans l'Est.
80 Bedollière (de la). Mœurs et vie privée des Français. 3 vol.
195 Bérard (Victor). La France et Guillaume II.
266 — La France en Asie.
289 Bernard (F.). Les Fêtes célèbres.
141 Bessière (Lucien). Panthéon des martyrs de la liberté. 5 vol.
89 Biré (Edmond). Paris pendant la Terreur.
12 Blanc (Louis). Histoire de la Révolution de 1848. 2 vol.
43 — Histoire de la Révolution Française. 12 vol.
93 — Histoire de dix ans. 4 vol.
143 — Le nouveau monde.
160 Boissonnas (Mme). Un vaincu : le général Lee.
604 Bonnal (Ed). Les armées de la République.
10 Bonnemère (Eugène). Histoire des Camisards.
145 Bord (Gustave). La prise de la Bastille.
94 Bordeaux (H.). Les derniers jours du fort de Vaux.
188 — Vie héroïque de Guynemer.
127 Bossuet. Discours sur l'histoire universelle.
125 Bourgeois (Léon). Le pacte de 1919 et la Société des Nations.
194 Bourgeois et Clermont. Rome et Napoléon III.
138 Boursin (E.). Histoire de la Révolution française.
132 Brackenridge. Histoire de la guerre entre les États-Unis et l'Angleterre. 2 vol.
202 Brissac (comtesse de). Pendant la tourmente.
31 Bruneau (général). Récits de guerre.
245 Buat (général). Ludendorff.
51 Buchez. Histoire de la Constituante (5 vol.)
102 Cabet. La Révolution de 1830 (2 vol.)
59 Canonge (général). Trois héros.
57 Capefigue. Gabrielle d'Estrées.
203 Carrère (J.). En pleine épopée (Guerre du Transvaal).
204 — Le pays de l'or rouge. —
142 Cerceau (du). Histoire de Rienzi.
274 Chalamet. Guerres de Napoléon (1800-1807).
41 Chanzy (général). La deuxième armée de la Loire.
29 Charras (lieu-col.) Histoire de la campagne de 1815. 2 vol.
49 — Histoire de la guerre de 1813.
23 Chasles (Ph.). L'Angleterre politique.
272 Chateaubriand. Histoire de France.
152 Cherrier (de). Histoire de Charles VIII. 2 vol.
172 Chotteau (Léon). Les Français en Amérique.

8 CHUQUET (Arthur). La première invasion prussienne.
254 — La retraite de Brunswick.
284 CLARETIE (Jules). Les derniers Montagnards.
222 — La France envahie.
200 CLEMENCEAU (Georges). La mêlée sociale.
607 COMBES (Paul). Les héros boërs.
5 DALLY (lieut-col[l]). La France militaire illustrée.
122 DAUDET (Ernest). La terreur blanche.
225 — Le cardinal Consalvi.
24 DE LA TOUR DU PIN. L'armée française à Metz.
91 DELMAS (Emile). De Frœschwiller à Paris.
27 DELORD (Taxile). Histoire du second Empire. 6 vol.
283 DELON (C.). Les paysans.
21 DENIS (E.). L'Allemagne (1789-1810).
22 — L'Allemagne (1810-1852).
288 DESMAZE (Ch.). Le Châtelet de Paris.
[illegible] DESPINETTES (Fr.). Faidherbe et l'armée du Nord.
15 — L'amiral Courbet et le Tonkin.
7 DESPREZ (Adrien). Les grandes souveraines.
290 — Mazarin et son œuvre.
84 DESPREZ (Claude). Les guerres de la Vendée.
75 DHOMBRES. La Révolution française (1789-1804).
105 DICK DE LONLAY. Français et Allemands ; histoire de la guerre 1870-1871. 6 vol.
275 DIEHL (Charles). Byzance.
278 — Venise.
33 DRY (A.). Soldats ambassadeurs sous le Directoire. 2 v.
1 DUGAST-MATIFEUX. Nantes ancien et le pays nantais.
19 — Carrier à Nantes.
150 DULAURE. Histoire de Paris. 8 vol.
114 — Histoire de Paris et de ses monuments.
199 DUPONT. En campagne.
98 DUPUY (E.). Comment nous avons conquis le Maroc.
120 DUPUY (Ant.). Histoire de la réunion de la Bretagne à la France. 2 vol.
206 DUQUET (Alfred). La guerre d'Italie (1859).
273 DURAND-BRAGER. Quatre mois de l'expédition de Garibaldi en Sicile et en Italie.
184 DURUY (Victor). Histoire de France. 2 vol.
270 — Histoire des Romains. 2 vol.
295 — Abrégé d'histoire grecque.
38 DUSSIEUX (L.). Le siège de Belfort.
130 DUTREB. Mangin.
54 FAIDHERBE (général). Campagne de l'armée du Nord.
608 FAUVEL (G.). De la Loire à l'Oder.
[illegible] FERRAND (J.). Histoire de la principauté de Donzère.
28 FERRERO (G.). La guerre européenne.
175 FERRY (Abel). La guerre vue d'en bas et d'en haut.
37 FLEISCHMANN (H.). Les femmes et la Terreur.
158 — Anecdotes secrètes de la Terreur.
[illegible] FONTAINAS. La vie d'Edgar Poë.
[illegible] FOUCHER (Paul). Les sièges historiques.
34 FUSTEL DE COULANGES. La monarchie franque.
219 GABOURD (A.). Histoire contemporaine. 12 vol.
58 GAFFAREL (P.). L'Algérie conquise.

79 GAFFAREL (P.). Les campagnes de la première République.
605 GALLI (H.). La guerre de Madagascar.
187 GALLIÉNI (Général). Mémoires. Défense de Paris.
76 GASPARIN (DE). Luther et la Réforme au 16e siècle.
25 GAUCHEZ. Ce que j'ai vu (de la Meuse à l'Yser).
63 GAULOT (Paul). Rêve d'empire.
3 GEOFFROY (Louis). Napoléon apocryphe.
211 GONCOURT (E. et J. DE). Sophie Arnould.
213 — Madame de Pompadour.
214 — Marie-Antoinette.
215 — La femme au 18e siècle.
312 — La duchesse de Chateauroux et ses sœurs.
134 GOUGEARD (général). La deuxième armée de la Loire.
96 GOURDON DE GENOUILLAC. Le crime de 1804.
20 GRANGER (Ernest). Petite histoire universelle.
106 GRAVIÈRE (J. DE LA). Guerres maritimes (1789-1815). 2 *vol.*
286 — La marine d'autrefois.
113 GUÉPIN (docteur). Histoire de Nantes.
281 GUILLOUX (F.) Précis de l'histoire de Nantes.
249 GUIRAUD (Paul). La vie privée des Romains.
250 — La vie privée des Grecs.
323 GUIZOT. Sir Robert Peel.
183 — Histoire de la révolution d'Angleterre. 2 *vol.*
280 GULDIN (A.). Les monuments de l'armée de Bourbaki.
169 HAMEL (DU). Histoire d'Espagne.
115 HAMEL (Ernest). Précis de l'histoire de la Révolution.
307 HANOTAUX (Gabriel). Fachoda.
606 — Ce que disent les aïeux.
603 HARDY (E.). Origines de la tactique française. 2 *vol.*
61 HÉRICAULT et MOLAND. La France guerrière.
32 HÉRISSON (comte D'). Un pair de France policier.
232 HOUSSAYE (Arsène). La galerie du dix-huitième siècle. 4 *vol.*
305 HOUSSAYE (Henry). 1814.
306 — 1815. 3 *vol.*
259 HUARD (L.). La guerre coloniale illustrée. 2 *vol.*
318 HUE (G.). Un complot de police sous le Consulat.
103 HUGO (Victor). Histoire d'un crime.
111 — Napoléon-le-Petit.
112 — —
36 JALLIFFIER. Histoire des Etats-Généraux.
251 — Histoire contemporaine.
161 JAY (A.). L'armée de Bretagne (1870).
276 JEHAN DE LA CITÉ. L'Hôtel-de-Ville de Paris.
227 KAUTSKY. Comment s'est déclenchée la guerre mondiale.
114 LACOMBE (P.). Petite histoire du peuple français.
316 LA FAYE (Jacques DE). Amitiés de reine.
291 LAIR (Alphonse). L'héroïsme français.
233 LALLIÉ (Alfred). J. B Carrier.
139 — Les prisons de Nantes pendant la Révolution.
151 — Les sociétés populaires à Nantes pendant la Révolution.
609 — Les cent trente deux Nantais.
144 LAMARTINE (A. DE). Le conseiller du peuple.

73 Lamartine. Histoire des Girondins. 8 *vol.*
81 — (A. de). Vie des grands hommes. 2 *vol.*
167 — Histoire de la Restauration. 8 *vol.*
220 — Histoire de la Révolution de 1848.
176 Lanfrey (P.). Histoire politique des papes.
62 — Histoire de Napoléon 1er. 5 *vol.*
267 Langlois (Ch.). La Société française au XIIIe siècle.
97 Lano (P.). L'Empereur Napoléon III.
149 Lanrezac (Général). Le plan de campagne français.
212 Larroque (L.). De l'esclavage chez les nations chrétiennes.
2 Las Cases (de). Mémorial de Sainte-Hélène. 2 *vol.*
226 Lasie (J.). La tragédie Sibérienne.
317 Latreille (C.). L'opposition religieuse au Concordat.
140 Laurent (Ch.). Histoire de la Bretagne républicaine.
264 Lauzanne (St.). Les hommes que j'ai vus.
133 Lavallée (Ch.). Histoire des Français. 4 *vol.*
240 — Jean-sans-Peur, duc de Bourgogne.
230 Lavisse (Ern.). Histoire politique de l'Europe.
231 — L'Armée à travers les âges.
86 Lebrun (H.). Fernand Cortez au Mexique.
170 — —
26 Lefranc (Em.). Histoire abrégée d'Angleterre.
4 Le Goffic (Ch.). Fêtes et coutumes populaires.
69 — Les marais de Saint-Gond
71 — Dixmude. Les fusiliers marins.
77 — Steenstrate —
78 — Saint-Georges et Nieuport. Les fusiliers marins.
190 Le Hugheur. Histoire de l'armée française.
68 Le Queux (W.). Raspoutine, le moine scélérat.
262 — Les secrets de Postdam.
155 Lescure (de). Vie de Henri IV.
177 Leynadier (Cam.). Histoire des trois Révolutions.
189 L'hotte. Un officier de Cavalerie.
235 Lockroy (Ed.). Une mission en Vendée.
192 Luce (S.). Histoire de Bertrand Duguesclin.
279 — Jeanne d'Arc à Domrémy.
198 Ludendorff (Erich). Souvenirs de guerre. 2 *vol.*
159 Madelin (Louis). La bataille de France.
601 Maindron (M.). Histoire de Bayard.
243 Margueritte (P. et V.). Histoire de la guerre de 1870.
258 — (Paul). Contre les Barbares.
101 — (Victor). Au bord du gouffre.
52 Martin (Henri). Histoire de France. 17 *vol.*
260 — Histoire de France populaire. 7 *vol.*
137 Masson (Frédéric). Cavaliers de Napoléon.
244 Matter (P.). La Prusse et la Révolution de 1848.
35 Mengin (Colonel). La deuxième armée de la Loire.
156 Mérimée (Prosper). Etudes sur l'Histoire romaine.
92 Mermeix. Joffre. Première crise du commandement.
56 — Nivelle. Painlevé. Deuxième crise du commandement.
154 — Le Commandement unique.
229 — Les négociations secrètes et les quatre armistices.

216 MEURET. Annales de Nantes. 2 *vol.*
277 MÉZIÈRES (A.). En France (XVIIIe et XIXe siècles).
9 MICHAUD et POUJOULAT. Abrégé de l'histoire des croisades. 2 *vol.*
166 MICHELET (Jules). Histoire de France. 19 *vol.*
174 — Précis de l'histoire moderne.
179 — Histoire de la Révolution. 6 *vol.*
209 — Les femmes de la Révolution.
313 — —
324 — —
210 — Les soldats de la Révolution.
236 — Histoire du XIXe siècle. 3 *vol.*
237 — Sur les chemins de l'Europe.
178 MIGNET. Histoire de la Révolution française. 2 *vol.*
218 MONTEIL. Histoire des Français des divers états. 5 *vol.*
50 MORIN (Frédéric). La France au moyen-âge.
246 MUEL (L.). Histoire politique de la 7e législature.
173 NETTEMENT (A.). Histoire de la conquête de l'Algérie.
241 NOEL (Edouard). Brumaire.
196 NOLY (Em.). Gens de guerre au Maroc.
6 PARMENTIER (A). La cour du roi Soleil.
107 PELLETIAN (Eug). Histoire des trois journées de 1848.
108 PERCIN (général). Les erreurs du haut commandement.
181 — Lille.
197 PERRIER (Edm.). France et Allemagne.
157 PIERREFEU (Jean DE). G. Q. G. Secteur 1. 2 *vol.*
221 — — 2 *vol.*
224 — — 2 *vol.*
18 POETE (Marcel). L'Enfance de Paris.
257 POINCARÉ (Raymond). Les origines de la guerre.
131 PONT-JEST (R. de). Fieschi.
147 PRÉVOST PARADOL. Revue de l'histoire universelle.
205 PUIROUX (H.). De Romulus à Guillaume II.
99 QUINET (Mme E.). Paris, journal du siège.
67 QUINET (Edgar). La Révolution. 2 *vol.*
182 — Le siège de Paris et la défense nationale.
78 RAMBAUD (Alf.). Histoire de la Révolution française.
98 — Histoire de la civilisation française. 2 *vol.*
314 — Histoire de la civilisation française. 2 *vol.*
325 — Histoire de la civilisation contemporaine.
129 RECOULY (Raymond). La bataille de Foch.
83 REINACH (J.). La guerre sur le front occidental.
11 REYNALD (H.). Histoire de l'Angleterre.
42 ROTHAN (G.). Les origines de la guerre de 1870.
60 ROUJOUX (DE). Histoire des rois et des ducs de Bretagne. 4 *vol.*
153 ROUSSET (Camile). Histoire de Louvois. 4 *vol.*
600 ROUSSET (commandement). Scènes et épisodes de la guerre 1870-71.
82 ROY (Jules). L'an mille.
109 SAKURAI (T.). Mitraille humaine.
297 SAVINE (Albert). Le 9 thermidor.
298 — Fouquet, surintendant général des finances.
304 — L'abdication de Bayonne.
302 — L'assassinat de la duchesse de Praslin.

303 SAVINE. La vie à la Bastille.
308 — (Albert). La vie aux galères.
309 — La cour de Prusse sous Frédéric Ier.
310 — Les déportés de Fructidor.
311 — L'Espagne de 1810.
319 — Un séjour en France sous Louis XV.
320 — Le beau Lauzum.
321 — Une résidence allemande au 18e siècle.
322 — Madame Elisabeth et ses amies.
208 SCHILLER. Histoire de la guerre de trente ans.
72 SEELEY (J. R.). Courte histoire de Napoléon Ier.
110 SÉGUR (DE). Histoire universelle. 6 *vol.*
252 SEIGNOBOS (Ch.). Histoire ancienne (Orient et Grèce).
253 — Antiquité romaine et pré-moyen âge.
255 — Histoire moderne (1715-1815).
256 — Histoire contemporaine depuis 1815.
148 SIMON (Jules). Souvenirs du 4 Septembre.
85 SIMOND (E.). Le capitaine La Tour d'Auvergne.
17 SORIA. Histoire de l'Italie de 1815 à 1850. 3 *vol.*
104 SPULLER (F.). Histoire parlementaire de la 2eme République.
207 TAINE. Origines de la France contemporaine. 6 *vol.*
242 — Un séjour en France (1792-1795).
53 TÉNOT. La province en décembre 1851.
121 — Paris en décembre 1851.
124 — —
44 THIERRY (Augustin). Histoire de la conquête de l'Angleterre par les Normands. 4 *vol.*
45 — Lettres sur l'histoire de France.
46 — Dix ans d'études historiques.
47 — Récits des temps mérovingiens. 2 *vol.*
65 — Essai sur l'histoire du Tiers État.
269 THIERRY (Gilb. Aug.). Conspirateurs et gens de police.
162 THIERS (A.). Histoire de la Révolution française. 2 *vol.*
239 — — — 10 *vol.*
163 — Histoire du Consulat.
165 — Histoire de l'Empire. 4 *vol.*
13 VACQUERIE (Auguste). Les miettes de l'histoire.
171 VALENTIN (F.). Histoire de Venise.
265 VANDAL (Albert). L'Avènement de Bonaparte.
291 VIGNY (Alfred DE). Cinq-Mars.
64 VILBORT (J.). L'œuvre de M. Bismarck.
248 VILLEMAIN. Histoire de Grégoire VII. 2 *vol.*
146 VILLIAUME. Histoire de la Révolution française.
228 VIVIEN (L.). Histoire générale de la Révolution française.
117 VOLTAIRE. Histoire de Charles XII de Suède.
118 — Annales de l'Empire.
119 — Histoires du parlement de Paris.
247 WEILL (Georges). La France sous la monarchie constitutionnelle (1814-1848).
602 WELVERT (Eug.). Lendemains révolutionnaires.
201 WETTERLÉ (Abbé). Lendemains réparateurs.
186 WITT (DE). La Société française et la société anglaise au 18e siècle.
674 ZISLIN (Henri). Sourires d'Alsace.

74 ZURLINDEN (général). La guerre de 1870-1871.
40 *** La revanche.
70 *** Les constitutions de la France depuis 1789.
87 *** Histoire du siège de Paris.
136 *** Siège de Paris (journal d'un officier de marine).
185 *** Chronique du siège de Paris.
217 *** Anecdotes historiques et littéraires.
223 *** La ville de Nantes et la Loire-Inférieure. 3 *vol.*
287 *** Paris révolutionnaire.
315 *** Le château de Nantes.

D. — Géographie, Voyages

297 ABOUT (Edmond), La Grèce contemporaine.
226 — Rome contemporaine.
227 — —
26 ACHARD (Amédée). Album de voyages.
230 ADAM (Paul). Les visages du Brésil.
360 AJALBERT (Jean). En Auvergne.
231 ALBERTIS (D'). La Nouvelle-Guinée.
330 AMÉRO (Constant). L'océan Atlantique.
298 AMICIS (Edmondo DE). La Hollande.
299 — L'Espagne.
156 ANTONINI (Paul). Les Chinois peints par un Français.
... ARDOUIN-DUMAZET. Voyage en France :
210 — (1re série) Mervin et Sologne.
282 — (2e série) Beauce et Maine.
61 — (3e série) Bretagne tome I.
291 — (4e série) Bretagne tome II.
244 — (5e série) Bretagne tome III.
245 — (6e série) Cotentin et Normandie.
70 — (7e série) La région lyonnaise.
211 — (8e série) Région du Haut-Rhône.
246 — (9e série) Graisivaudan et Oisans.
140 — (10e série) Les Alpes tome I.
141 — (11e série) Forez et Vivarais.
142 — (12e série) Les Alpes tome II.
247 — (13e série) La Provence maritime.
289 — (14e série) La Corse.
292 — (15e série) Charentes et Poitou.
146 — (16e série) De Vendée en Beauce.
147 — (17e série) Caux et Basse-Picardie.
284 — (18e série) La Flandre.
148 — (19e série) Hainaut et Cambrésis.
290 — (20e série) Haute-Picardie et Ardennes.
149 — (42e série) Le Valois.
285 — (43e série) La Brie.
77 — (51e série) Bretagne tome IV.
78 — (52e série) Bretagne tome V.
79 — (53e série) Bretagne tome VI.
318 — (56e série) Touraine et Anjou.
273 — L'Europe centrale et ses réseaux d'état.
409 ARÈNE (Jules). La Chine familière.
188 ASSELIN (Henry). Paysages d'Asie.

50 AUDOUARD (Olympe). Voyage au pays des boyards.
9 AUNET (Mme D'). Voyage d'une femme au Spitzberg.
431 — —
217 AUZOU (Emile). La presqu'île guérandaise.
18 BAILLE. Souvenirs d'Annam (1886-1890).
294 BALDWIN (W. C.). Du Natal au Zambèze.
337 — —
314 BARBIER (C.). Deux ans dans l'Inde.
415 BAZIN (René). La douce France.
83 BEAUVOIR (DE). Voyage autour du monde : Australie.
84 — — Java.
85 — — Pékin.
179 — Java, Siam, Canton.
177 BEECHER-STOWE (Mme). Souvenirs heureux. 2 *vol.*
355 BELIN DE LAUNAY. Les sources du Nil.
336 BELL (G.). Voyage en Chine du capitaine Montfort.
312 BELLESSORT (André). En escale.
378 BERCHON (Charles). En Danemark.
15 BERNARD (capitaine). L Indo-Chine.
60 BERTIE-MARRIOTT. Un Parisien au Mexique.
225 BERTRANT (L.). La Grèce du soleil et des paysages.
393 BIGOT (Raoul). Le Mexique moderne.
1 BISHOP (N. H.). En canot de papier de Québec au golfe du Mexique.
220 BLUYSEN (Paul). Mes amis les Hindous.
145 BOILLOT (Jean). Le pays de la revanche.
422 BONNEFON-CRAPONNE. L'Italie au travail.
150 BONNETAIN (Paul). Au Tonkin.
129 BONVALOT (Gabriel). En Asie centrale : du Kohistan à la Caspienne.
356 — En Asie centrale : de Moscou en Bactriane.
130 BOUCHE (l'abbé). Sept ans en Afrique occidentale.
54 BOUGY (A. DE). Voyage dans la Suisse et le Chablais.
385 BOULANGIER (Edgar). Voyage à Merv.
96 BOURDE (Paul). A travers l'Algérie.
352 — De Paris au Tonkin.
353 — En Corse.
304 BOURGADE (E. DE). Le Paraguay.
341 BOURNAND (Fr.). L'empire des Tzars.
11 BOVET (Mme DE). L'Ecosse.
386 — Trois mois en Irlande.
394 BRADLEY (A.-G.). Le Canada.
67 BRANDA. Les trois caps (journal de bord).
116 BRAU DE SAINT POL LIAS. Pérak et les Orangs-Sakèys.
117 — De France à Sumatra par Java, Singapour.
357 — Chez les Atchés.
280 BRUNEAU (C.). Monographie des communes de la Loire-Inférieure.
313 BRUNET (Louis). De Marseille à Tamatave.
125 BURDO (Adolphe). Niger et Bénué.
384 BURTON (capitaine). Voyages.
636 BUSSON & FÈVRE. Notre empire colonial.
162 CAHUN (L.). Excursions sur les bords de l'Euphrate.
19 CAIX DE SAINT-AYMOUR. Les pays sud-slaves de l'Austro-Hongrie.

423 CAMBON (Victor). Etats-Unis France.
53 — L'Allemagne au travail.
106 — La France au travail (1re série).
208 — — (2e série).
213 — Les derniers progrès de l'Allemagne.
300 CAMERON (V. L.). Notre future route de l'Inde.
205 CAMP (Maxime DU). Le Nil.
89 CANDELIER (H.). Rio-Hacha et les Indiens-Goajires.
363 CAPUS (Guillaume). Le toit du monde (Pamir).
237 CARADEC (Th.). Autour des îles bretonnes.
57 CASTELLA (H. DE). Les squatters australiens.
111 CHAILLU (Paul DU). L'Afrique sauvage.
315 CHAPISEAU (Félix). Le folkore de la Beauce et du Perche. 2 *vol.*
158 CHARDIN (Jean). La Perse et les Persans.
95 CHARMES (Gabriel). Cinq mois au Caire.
108 CHARTON. Le tour du monde. Année 1860.
251 — — — 1860. 2 *vol.*
109 — — — 1861. 2 *vol.*
110 — — — 1862. 2 *vol.*
253 — — — 1862. 2 *vol.*
138 — — — 1863. 2 *vol.*
254 — — — 1863. 2 *vol.*
255 — — — 1864. 2 *vol.*
256 — — — 1865. 2 *vol.*
257 — — — 1870-71.
258 — — — 1872.
259 — — — 1873.
260 — — — 1875.
261 — — — 1876.
262 — — — 1877.
263 — — — 1878.
264 — — — 1884. 2 *vol.*
38 CHATEAUBRIAND. Voyage en Amérique.
332 CHAUVIÈRE (P.). Pizarre ou la conquête du Pérou.
97 CHÉRADAME (H.). Le Chemin de fer de Bagdad.
329 — Le plan pangermanique démasqué.
93 CHILD (Th.). A travers l'Amérique du Sud.
121 CHOISY (A.). Souvenir d'une mission à Goléah.
16 CLARETIE (Jules). Les Prussiens chez eux.
157 CLARETIE (Léo). Coins de Paris.
214 CLERGET (Pierre). La Suisse au XXe siècle.
153 COIQUHOUN (A.). Autour du Tonkin. La Chine méridionale. 2 *vol.*
295 COMBANAIRE (Ad.). Au pays des coupeurs de têtes.
20 COMMETTANT (O.). L'Amérique telle qu'elle est.
126 COMPIÈGNE (DE) L'Afrique équatoriale : Gabonais.
127 — — Okanda.
76 COOK. Troisième voyage autour du monde.
69 CORNET (capitaine). Au Tchad.
181 CORTEZ (Fernand). Lettres à Charles Quint.
197 COTIEAU (Edm.). Un touriste dans l'Extrême-Orient.
387 — En Océanie.
399 — Promenades dans les deux Amériques.
218 CRUCHET (Dr). Les universités allemandes au XXe siècle.

232 DAIREAUX (Emile). Buenos-Ayres.
13 DANTREYGAS. Histoire des naufrages célèbres.
176 DAUMAS (général). Le grand désert.
400 DAUZAT (Albert). La Suisse moderne.
401 — L'Italie nouvelle.
195 DAVIN (A.). 50.000 milles dans l'Océan Pacifique.
375 DELAHACHE (Georges). Alsace-Lorraine.
351 DELESSERT (Ed.). Voyage aux villes maudites.
198 DESFONTAINES (Jules). 18.000 lieues à travers le monde.
80 DESPREZ (Charles). L'hiver à Alger.
316 DIDIER (L.). L'Amérique.
287 DMOWSKI (R.). La question polonaise.
349 DOLLÉ (Frédéric). Souvenirs de Voyage.
283 DOUMER (Paul). L'Indo-Chine française.
317 DUBOIS (Marcel). Géographie économique de la France.
339 DUCROCQ (Georges). Du Kremlin au Pacifique.
243 DUMAS (Alexandre). Impressions de voyage.
274 DUPLESSIS DE GRENÉDAN. Géographie agricole.
7 DUPONT (Léonce). De Paris aux montagnes.
73 DUQUÉNOIS (L.). Aventures à travers Madagascar.
388 DUTREUIL DE RHINS. Le royaume d'Annam.
168 DUVAL (Jules). Notre pays.
98 EUDEL (Paul). Constantinople, Smyrne et Athènes.
17 EYMA (Xavier). La vie aux États-Unis.
272 FALLEX et MAIREYE. Les principales puissances du monde au début du XXe siècle.
275 FAILLOT (E.). L'avenir colonial de la France.
233 FARINI (G. A.). Huit mois au Kalahari.
266 FÈVRE (J.). Géographie pittoresque : Europe.
267 — — France.
268 — — Nos colonies.
320 FEYROL (Jacques). Les Français en Amérique.
321 FOA (Edouard). Chasses aux grands fauves.
303 FONVIELLE (W. DE). Les affamés du Pôle Nord.
364 — Le Pôle sud.
5 FORBIN (DE). Voyage à Siam.
411 FOUCHIER (L. et Ch. DE). L'Italie méridionale.
189 — Au pays hollandais.
402 FOURNEL (V.). Voyage hors de ma chambre.
58 FRANCE (H.). Sac au dos à travers l'Espagne.
51 FRASER (J.-F.) L'Amérique au travail.
265 — —
408 — L'Australie : comment se fait une nation.
212 — Panama, l'œuvre gigantesque.
101 FRÉBAULT (Elie). La vie de Paris.
186 FYFE (H.). Aux pays de l'or et des diamants.
425 GACHOT (Ed.). A travers les Alpes.
25 GADECEAU (Em.). Le lac de Grand-Lieu.
374 GALLOUÉDEC (L.). La Loire.
424 — La Bretagne.
361 GANNIERS (DE). Le Maroc d'aujourd'hui et de demain.
22 GARNIER (Jules). Voyage en Océanie.
301 GARNIER (Françis). De Paris au Tibet.
389 — —
62 GASPARIN (Mme DE). A Constantinople.

63 Gasparin (Mme de). Voyage au Levant. 2 *vol.*
155 — A travers les Espagnes.
216 Gaulis (G.). La ruine d'un empire (Turquie).
90 Gautier (Théophile). Voyage en Espagne.
91 — Voyage en Italie.
92 — Voyage en Russie.
204 — Loin de Paris.
202 — Constantinople.
403 — L'Orient. 2 *vol.*
88 Geoffroy-Daireaux. Dans la Pampa.
335 Giffard (Pierre). Les Français à Tunis.
29 Gilder (W.). A la recherche de la « Jeannette ».
47 Goblet d'Alviella. Sahara et Laponie.
404 Goncourt (E. et J. de). L'Italie d'hier.
165 Gourdault (Jules). L'Italie pittoresque.
166 — La Suisse pittoresque.
4 Gravière (J. de la). La station du Levant. 2 *vol.*
128 Gros (Jules). J. Bonnat chez les Achantis.
639 Guillemet (G.). Au pays vendéen.
350 Guimet (Emile). L'Orient d'Europe.
30 Guiral (Léon). Le Congo français.
68 Gurney (J.). Un hiver aux Antilles.
41 Havard (Henry). La terre des gueux.
207 — La Hollande pittoresque.
359 Hayes (J.). La mer libre du pôle.
42 Hérisson (d'). Journal d'un interprète en Chine.
139 Hérubel (M.-A.). La France au travail (2e série).
273 Huard (Ch.). Berlin comme je l'ai vu.
396 — New-York comme je l'ai vu.
397 — Londres comme je l'ai vu.
228 Hubner (de). A travers l'empire Britannique. 2 *vol.*
234 — Promenade autour du monde. 2 *vol.*
160 Hue et Hauricot. Nos grandes colonies. 2 *vol.*
161 — Nos petites colonies.
131 Huret (Jules). En Amérique : De New-York à la Nouvelle-Orléans.
137 — —
132 — En Amérique : De San-Francisco au Canada.
133 — En Allemagne : Rhin et Westphalie.
134 — En Allemagne : De Hambourg aux marches de Pologne.
135 — En Allemagne : Berlin.
136 — En Allemagne : La Bavière et la Saxe.
412 — En Argentine : De Buenos-Ayres au Gran-Chaco.
419 — En Argentine : De la Plata à la Cordillère des Andes.
55 Imbert (P.). L'Espagne (splendeurs et misères).
376 Izart (J.). La Belgique au travail.
48 Jablonowska (princesse). Souvenir d'Égypte.
365 Jacottet (Henri). Les grands fleuves.
31 Jametel (M.). Pékin.
12 Jaray (G. L.). Au jeune royaume d'Albanie.
187 — L'Albanie inconnue.
405 Jeannest (Charles). Quatre années au Congo.
221 Jonquière (Lunet de la). En Insulinde.

3 JUPILLES (F. DE). Jacques Bonhomme chez John Bull.
144 JUPILLES (F. DE). Au pays des brouillards.
239 KERGORLAY (DE). Sites délaissés d'Orient.
358 KOEBEL (W. H.). L'Argentine moderne.
190 LABBÉ (Paul). La vivante Roumanie.
82 — Les Russes en Extrême-Orient.
380 — Un bagne russe.
81 — Chez les lamas de Sibérie.
381 — —
159 LACROIX. Guide du voyageur en Suisse.
390 LAGARDE (Ch.). Une promenade dans le Sahara.
377 LANGSDORFF (DE). Voyages et chasses en Ouganda.
8 LANOYÉ (F. DE). La mer polaire.
74 LA PÉROUSE. Voyage autour du monde.
107 LARROUMET (G.). Vers Athènes et Jérusalem.
191 LAUNAY (L. DE). La Bulgarie d'hier et de demain.
340 LEBLOND. Anthologie coloniale.
32 LECLERCQ (Jules). Du Caucase aux monts Alaï.
33 — La terre de glace.
354 — Un séjour dans l'île de Ceylan.
39 LEGRAS (Jules). Au pays russe.
104 — En Sibérie.
94 LEMAY (Gaston). A bord de la « Junon ».
27 LEMIRE (Charles). En Australie.
276 LENFANT (capitaine). Le Niger.
52 LENTHÉRIC (Ch.). Les villes mortes du golfe de Lion.
286 — Côtes et ports français de l'Océan.
182 LÉOUZON-LE-DUC. La Russie et la civilisation européenne.
163 LESSEPS (DE). Voyage du Kamtschatka en France.
250 LESPAGNOL (G.). Géographie générale.
86 — L'évolution de la terre et de l'homme.
6 LEVAILLANT (F.). Voyage dans l'intérieur de l'Afrique.
420 LEVASSEUR (E.). Géographie générale. 2 *vol.*
43 LIVINGSTONE. Explorations dans l'Afrique australe.
270 LORIN (Henri). L'Afrique du nord.
209 LOTI (Pierre). La Galilée.
238 — Jérusalem.
242 — Le Désert.
430 — —
224 — Turquie agonisante.
418 — Un pèlerin d'Angkhor.
429 — —
427 — Au Maroc.
428 — —
118 MACQUARIE (J. L.). Voyage à Madagascar.
293 MAGER (Henri). Atlas colonial.
366 MAINDRON (M.). L'Inde du sud : Le Coromandel.
367 — — Le Carnatic.
46 MALTE-BRUN. Atlas de géographie universelle.
305 MANDAT-GRANCEY (DE). Chez Paddy (en Irlande).
345 MARCOTTE DE QUIVIÈRES. Deux ans en Afrique.
122 MARIN LA MESLÉE (E.). L'Australie nouvelle.
2 MARMIER (Xavier). En Amérique et en Europe.
40 — Diverses curiosités.

171 Marmier (Xavier). Au sud et au nord.
172 — Du Rhin au Nil.
342 — Les Etats-Unis et le Canada.
343 — Lettres sur le Nord.
379 Masson-Forestier. Forêt-Noire et Alsace.
416 Mathuisieulx (de). La Tripolitaine d'hier et de demain.
369 Matignon (Dr). Dix ans aux pays du Dragon.
34 Martineau des Chesnez. Voyage d'une femme aux Montagnes Rocheuses.
192 Maufroid (A.). De Java au Japon.
319 — Sous le soleil de l'Inde.
219 Maybon (Albert). La république chinoise.
323 Menthon (de). 22 mois autour du monde.
324 Meunier (Mme S.). De St-Pétersbourg à l'Ararat.
346 Mévil (André). Samory.
99 Michel (Léon). Tunis.
347 Milne (W.). La vie réelle en Chine.
229 Milton et Cheadle. Voyage de l'Atlantique au Pacifique.
65 Molinari (G. de). L'Irlande, le Canada, Jersey.
235 Montano (J.). Voyage aux Philippines et en Malaisie.
269 Montbard (G.). En Egypte.
421 Moret (H.). Le Croisic et la région environnante.
71 Mouhot (Henri). Voyage dans le royaume de Siam.
75 Mungo-Park. Trois voyages au Maroc.
183 Muzet (Alphonse). Aux pays balkaniques.
249 Nensen (Fridtjof). Vers le pôle.
362 Naudeau (Ludovic). Le Japon moderne.
277 Navenne (F. de). Entre le Tibre et l'Arno.
23 Navery (R. de). Les voyages de Camoëns.
201 Nerval (Gérard de). Voyage en Orient. 2 *vol.*
325 Nicolas (P.). La vie française en Cochinchine.
391 Orléans (prince H. d'). Six mois aux Indes.
395 — Une visite à l'empereur Ménélick.
338 Orieux et Vincent. Histoire et géographie de la Loire-Inférieure. 2 *vol.*
236 Osman-Bey. Les imams et les derviches.
637 Overbergh (Van). Les Bangala.
114 Palgrave (W.). Une année dans l'Arabie centrale. 2 *v.*
278 Pène-Siéfert. Jaunes et blancs en Chine.
59 Périgny (M. de). En courant le monde.
413 — Les cinq républiques de l'Amérique centrale.
25 Pervenquière (L.). La Tripolitaine interdite : Ghadamès.
306 Petitot (Emile). Les grands Esquimaux.
14 Pfeiffer (Mme Ida). Voyage autour du monde.
331 — —
174 Piesse (Louis). Itinéraire de l'Algérie.
24 Pina (A. de). Deux ans dans le pays des épices.
56 Piron (Hippolyte). L'île de Cuba.
206 — —
203 Plessis (J. du). L'Alpe enchanteresse.
180 Poitou (Eugène). Un hiver en Egypte.
28 Postel (Raoul). En Tunisie et au Maroc.
102 Pouvillon (Emile). Terre d'oc.

35 QUATRELLES. Un Parisien dans les Antilles.
326 QUILLARDET. Suédois et Norvégiens chez eux.
344 — Espagnols et Portugais chez eux.
199 RAFFRAY (Achille). Abyssinie.
100 RECLUS (Armand). Panama et Darien.
302 RECLUS (Elisée). Voyage à la Sierra-Nevada.
382 RECLUS (Onésime). Géographie rapide : Europe.
383 — — France.
45 REUSS (Dr). A travers l'Algérie.
152 RÉVOIL (Georges). Voyages au cap des aromates.
115 RIVOYRE (Denis DE). Aux pays du Soudan.
154 — Les vrais Arabes et leur pays.
392 — Mer rouge et Abyssinie.
66 ROBERT (Ulysse). Voyage à Vienne.
119 ROBIANO (DE). Dix-huit mois dans l'Amérique du Sud.
120 — Le Chili, l'Araucanie et retour. (*Suite*).
87 RONDET-SAINT. La grande boucle.
222 — En France africaine.
398 ROOSEVELT (Théodore). New-York.
223 ROSS (E.). La Chine qui vient.
414 ROTTACH (Edm.). La Chine moderne.
10 ROUSSIN. Une campagne sur les côtes du Japon.
184 RUSSEL (Stanislas). Une mission en Abyssinie.
63 SAMPOGNARO (V.). L'Uruguay au 20e siècle.
112 SANDERVAL (DE). De l'Atlantique au Niger.
173 SCHURMANN. Une tournée en Amérique.
196 SCHWEINFURTH. Au cœur de l'Afrique.
406 SERVIÈRES (Georges). Cités d'Allemagne.
372 SIBRÉE (James). Madagascar et ses habitants.
170 SIMON (Eug.). La cité chinoise.
167 SIMONIN (L.). Les ports de la Grande-Bretagne.
169 — Le monde américain.
348 — Le Grand-Ouest des Etats-Unis.
175 SÖDERHJELM. Finlande et Finlandais.
417 SONOLET (L.). L'Afrique occidentale française.
44 STANLEY (Mme). Autobiographie de H. M. Stanley. 2 *vol.*
333 STANLEY (H. M.). La délivrance d'Emin-Pacha.
334 — Voyages, aventures et découvertes.
248 STIEGLER (G.). Le tour du monde en 63 jours.
241 SYKES (major). A travers la Perse orientale.
288 TAINE (H.). Carnets de voyage (1863-1865).
368 — — —
307 — Voyage aux Pyrénées.
124 TALLENAY (J. DE). Souvenirs du Vénézuéla.
308 — —
240 TARIS (Etienne). La Russie et ses richesses.
178 TAVERNIER (J. B.). Voyages en Perse et dans les Indes.
410 THOMAS-ANQUETIL. Aventures dans l'Extrême-Orient 3 *vol.*
151 THOMSON (Joseph). Au pays des Massaï.
370 TRIPOT (Dr). Au pays de l'or et des forçats.
194 TRIVIER (E.). Mon voyage au continent noir.
215 TYNDALL (John). Dans les montagnes.
309 UJFALVY-BOURDON (Mme DE). Voyages dans l'Himalaya.
200 VALLAUX (Camille). L'archipel de la Manche.

113 VAMBÉRY (A.). Un faux derviche dans l'Asie centrale.
72 VANCOUVER. Voyage autour du monde.
49 VANDAL (Alb.). En Karriole (Suède et Norvège).
310 — — —
281 VANDAL et RAMBAUD. La Russie.
296 VANDERHEYM. Une expédition avec le négous Ménélick.
327 VARIGNY (H. DE). En Amérique.
105 VASSE (G.). Trois ans de chasse au Mozambique.
36 VAUJANY (H. DE). Alexandrie et la Basse-Egypte.
64 VERNE (Jules). Histoire des grands voyages et des grands voyageurs. 6 *vol.*
193 — Les voyageurs du 19e siècle.
322 VERSCHUUR. Voyage aux Guyanes et aux Antilles.
103 VIATOR. Les coins pittoresques de la France.
426 VIDAL DE LA BLACHE et LEGALLOIS. Le bassin de la Sarre. Clauses du traité de Versailles.
328 VIGNÉRAS (S.). Une mission française en Abyssinie.
407 WALLEFFE (DE). Les paradis de l'Amérique centrale.
311 WEBER (DE). Quatre ans au pays des Boërs.
143 WEISS (J. J.). Au pays du Rhin.
279 WIESENER. Les Pays-Bas au XVIe siècle.
185 WILLIAM (N.). La Turquie contemporaine.
123 WOELMONT (DE). Souvenirs du Far-West.
164 WOGAN (DE). Voyages du canot en papier « Qui Vive ».
271 WOLFF (Alb. Voyages à travers le monde.
37 YRIARTE (Ch.). Bosnie et Herzégovine.
21 *** Histoire universelle des voyages.
601 *** Journal des voyages, année 1877 (2e semestre).
602 à 620 — 19 années (1978 à 1896).
621 *** — année 1897 (1er semestre)
622 *** — 1 année (1897).
623 à 630 — 8 années (1898-1905).
631 *** — année 1906 (1er semestre).

E. — Sciences physiques et naturelles.

2 AIMÉ-MARTIN. Lettres à Sophie.
91 ANDRÉ (Ernest). Les fourmis.
334 AUDOUIT (Edmond). Les fleurs qui parlent.
221 AUGÉ (Lucien). Les tombeaux.
88 BADIN (Adolphe). Grottes et cavernes.
649 BALFOUR-STEWART. La conservation de l'énergie.
327 BAILLY (E.). Cambrioleurs et cambriolés.
185 BALSAMO. Les petits mystères de la destinée.
296 BARBAUD (Roger). Tours de cartes. 2 *vol.*
628 BELLET (D.). Les merveilles de la nature et de l'industrie.
629 — Promenades amusantes autour de la science.
638 — Beautés et forces de la nature.
655 VILLE et D'ARVILLÉ. La guerre moderne et ses nouveaux procédés.
120 BERGET (A.). Les problèmes de l'atmosphère.
387 — —
139 — La vie et la mort du globe.

388 BERGET (A.). La vie et la mort du globe.
243 — Le radium et les nouvelles radiations.
386 — Les problèmes de l'océan.
302 BERNARD (Frédéric). Les fêtes célèbres.
650 BERNSTEIN (J.). Les sens.
129 BERTHIER (A.). La téléphonie et la télégraphie sans fils.
205 BERTHOUD (Henry). Les hôtes du logis.
350 BESANÇON (G.). Ballons et aréoplanes.
48 BEUDANT. Minéralogie.
51 — Géologie.
278 BIART (Lucien). Entre frères et sœurs.
371 BIGOURDAN (G.). L'astronomie.
403 BLARINGHEM (L.). Les problèmes de l'hérédité expérimentale.
215 Bois (Jules). L'au-delà et les forces inconnues.
385 — Le monde invisible.
292 BOIS et GADECEAU. Les végétaux : leur rôle dans la vie.
303 BOITEAU. Les cartes à jouer et la cartomancie.
153 BONNIER (Gaston). Cours complet d'histoire naturelle.
347 — Biologie animale.
348 — Biologie végétale.
349 — Géologie et conférences d'hygiène.
354 BORDIER (docteur). Les rayons N.
351 BOREL (Emile). L'arithmétique.
352 — L'algèbre.
353 — La géométrie.
259 BOUANT (Emile). Les merveilles du feu.
372 BOUCHER (M.). Essai sur l'hyperespace.
178 BOULOUMIÉ (Dr). Les maladies évitables.
206 BOURDEAU (Louis). Conquête du monde animal.
207 — Conquête du monde végétal.
208 — Histoire de l'alimentation
643 BOUTTIAUX (commt). La navigation aérienne.
404 BOUVIER. (E. L.) La vie psychique des insectes.
405 — Habitudes et métamorphoses des insectes.
108 BOYER DE FONSCOLOMBE. Entomologie élémentaire.
406 BRUNHES (B). La dégradation de l'énergie.
32 BUFFON (DE) Traité de l'aimant.
95 — Histoire naturelle, 10 *vol.*
254 BULL (George). Lunettes et pince nez.
209 BURLUREAUX (Dr). La lutte pour la santé.
238 BURNET (docteur Et.). Microbes et toxines.
239 — La lutte contre les microbes.
355 BUSCO. L'évolution de l'astronomie au 19e siècle.
345 CABANÈS (docteur). Remèdes d'autrefois. 2 *vol.*
346 — Remèdes de bonne femme.
356 CAPUS et BOIS. Les produits coloniaux.
276 CASTILLON (A.). Récréations physiques.
277 — Récréations chimiques.
151 CAUSTIER (E.). Anatomie et physiologie.
155 — La vie et la santé.
255 — L'homme et les animaux.
256 — Les pierres et les plantes.
223 CAZIN (Achille). Les forces physiques.
304 — L'étincelle électrique.

113 Cherville (de). L'histoire naturelle en action.
331 Chuquet (A.). L'hygiène des tuberculeux.
74 Collignon (Edouard). Les machines.
382 Copeaux (H.). Introduction à la Chimie générale.
81 Cosmovici. L'évolution de la physique au 19e siècle.
171 Cosseret (Paul). Le livre des fleurs.
156 Coupin (Henri). Les animaux excentriques.
157 — Les arts et métiers chez les animaux.
158 — Les bizarreries des races humaines.
159 — Les plantes originales.
161 — La vie dans la nature.
180 — Promenade au pays des frivolités.
181 — Récréations botaniques.
188 — Ce qu'on peut voir au microscope.
280 — La vie curieuse des bêtes.
281 — Les métamorphoses de la matière.
249 Coustet. L'électricité dans la maison moderne.
644 — Les rayons X et leurs applications.
654 Daguin (P. A.). Traité de physique. 4 *vol.*
273 Dallet (G.). Météorologie populaire.
357 — Les merveilles du ciel.
288 Dary (Georges). A travers l'électricité.
124 Daryl (Philippe). Renaissance physique.
162 Dastre (A.). La vie et la mort.
225 Deherrypon. Les merveilles de la chimie.
220 — La boutique de poissons.
257 — La boutique du charbonnier.
407 Delage (Yves) et M. Goldsmith. Les théories de l'évolution
122 Delaunay (Ch.). Astronomie élémentaire.
358 Delens (P.). Problème d'arithmétique amusante.
136 Deleuze. Le magnétisme animal. 2 *vol.*
226 Deleveau. La matière et ses transformations.
373 Depéret (Ch.). Les transformations du monde animal.
247 Desaulx. Le vétérinaire des villes et des campagnes.
335 Desbarolles. Les mystères de l'écriture.
383 — Le caractère allemand.
190 Desbeaux (Emile). Physique populaire.
141 Dibos (M.). Le scaphandre : son emploi.
142 Dicksonn. Trucs et mystères dévoilés.
336 — Mes trucs.
50 Donné (docteur). Conseils aux mères.
66 — Hygiène des gens du monde.
169 Ducoin-Girardin. entretiens sur la physique.
170 — Entretiens sur la chimie.
298 Dufestel (docteur). Hygiène scolaire.
246 Dumatz (docteur). Le médecin à la maison.
274 Dutilleul. Les sciences physiques et naturelles.
283 Eisenmenger. La physique dans la vie quotidienne.
310 — La géologie et ses phénomènes.
99 — L'électricité et ses applications.
143 Equevilley (d'). Sous-marins et submersibles.
332 Estournelles de Constant (d'). Pour l'aviation.
637 Existens (M.). La préhistoire à la portée de tous.
309 Fabre (J.-H.). La vie des insectes.

330 Fabre (J.-H.). La vie des insectes.

313 — Mœurs des insectes.

342 — Les ravageurs.

343 — Les merveilles de l'instinct.

344 — Les auxiliaires.

182 Faideau (F.). La chimie amusante.

211 Faivre et Carimey. Traité élémentaire de physique.

4 Faraday. Histoire d'une chandelle.

646 Farman (Maurice). Les merveilles aériennes.

213 Faupin. Les champignons comestibles et vénéneux.

152 Fernet et Faivre. Traité de physique élémentaire.

9 Figuier (Louis). Les grandes inventions.

44 — Années scientifiques. 10 *vol.*

160 — Les merveilles de la science. 4 *vol.*

164 — — (supplément). 2 *vol.*

163 — Les merveilles de l'industrie. 4 *vol.*

1[illegible]9 — Les nouvelles conquêtes de la science. 4 *vol.*

204 — —

248 — Les bonheurs d'outre-tombe.

300 — L'homme primitif.

305 — Les aérostats.

306 — L'art de l'éclairage.

10 Flammarion (C.). Le monde avant la création de l'homme.

11 — Les terres du ciel.

16 — Astronomie populaire.

17 — Les étoiles et les curiosités du ciel.

28 — La fin du monde.

34 — Dans le ciel et sur la terre.

54 — Petite astronomie descriptive.

56 — La pluralité des mondes habités.

57 — Les mondes imaginaires et réels.

279 — —

58 — Récits de l'infini.

216 — —

59 — Dieu dans la nature.

61 — Mes voyages aériens.

72 — Contemplations scientifiques.

135 — Éruptions et tremblements de terre.

167 — Uranie.

202 — Les forces naturelles inconnues.

287 — Lumen.

321 — L'inconnu et les problèmes psychiques.

322 — Promenades dans les étoiles.

374 — Initiation astronomique.

399 — La mort et son mystère (2 *vol*).

35 Flourens (P.). Des manuscrits de Buffon.

26 Fonvielle (W. de). Le monde des atomes.

71 — Éclairs et tonnerres.

76 — Manuel pratique de l'aéronaute.

148 — Histoire de la lune.

149 — La pose du premier câble.

150 — La mesure du mètre.

227 — Les merveilles du monde invisible.

319 — La physique des miracles.

184 FOURREY (E.). Récréations arithmétiques.
224 — Curiosités géométriques.
328 FOURNIER (Lucien). La télégraphie sans fil.
261 FOVEAU DE COURMELLES. L'hypnotisme.
101 FRANKLIN. La vie des animaux. I. Mammifères. 2 *vol.*
102 — — II. Les oiseaux.
103 — — III. Les reptiles.
104 — — IV. Poissons et mollusques.
105 — — V. Les métamorphoses.
408 FRIEDEL (Jean). Personnalité biologique de l'homme.
237 FULBERT-DUMONTEIL. Cages et volières.
272 GALLOIS. La poste et les moyens de communication.
3 GALTIER-BOISSIÈRE (Dr). L'antialcoolisme.
333 — Hygiène nouvelle.
307 GARNIER (Edouard). Les nains et les géants.
144 GAUTIER (Emile). L'année scientifique (1902).
250 — Le phonographe.
641 GIFFARD (Pierre). La fin du cheval.
191 GRAFFIGNY (H. DE). Les moteurs anciens et modernes.
258 — Le liège et ses applications.
270 — L'électricité pour tous.
291 — 400 expériences de science amusante.
370 — L'électricité de haute tension et de haute fréquence.
324 GRAS (Ch.). Autrefois et aujourd'hui.
39 GRIMAUX (E.). Chimie organique élémentaire.
107 — — inorganique. —
67 GROS (docteur). Mémoires d'un estomac.
314 GUIART (dr) Les parasites inoculateurs de maladies.
145 GUICHARD. La question de l'eau potable.
19 GUILLEMIN (Amédée). Le soleil.
20 — La lune.
53 — Les étoiles.
60 — Les nébuleuses.
62 — Les comètes.
64 — La lumière et les couleurs.
68 — Le feu souterrain.
69 — Le beau et le mauvais temps.
77 — Le son.
79 — Le télégraphe et le téléphone.
146 — La neige, la glace et les glaciers.
228 — Les chemins de fer.
381 — —
263 — La vapeur.
15 GUILMIN. Géométrie élémentaire.
98 GY (dr). L'intoxication par le tabac.
127 HAECKEL. La création des êtres organisés.
284 — Les énigmes de l'univers.
7 HALLOY (D'). Eléments de géologie.
317 HAMPSON. Illusions naturelles et scientifiques.
229 HANNO (Georges). Les villes retrouvées.
297 HAUTERIVE (D'). Le merveilleux au XVIII siècle.
192 HÉLÈNE (Maxime). La poudre à canon.
193 — Les galeries souterraines.

338 Leneveux (Mme). Les petits oiseaux artistes.
196 Le Pileur (A.). Le corps humain.
194 Lesbazeilles. Les merveilles du monde polaire.
230 — Les colosses anciens et modernes.
265 — Les forêts.
114 Letourneau (dr). Biologie.
115 — Sociologie.
84 Lévy (Albert). Nos vraies conquêtes.
89 — Cent tableaux de science pittoresque.
109 — Une première année de sciences.
316 Lloyd (J.). Flore de l'ouest de la France.
12 Macé (Jean). Histoire d'une bouchée de pain.
13 — Les serviteurs de l'estomac.
14 — L'arithmétique du grand-papa.
96 Macé (Jules). La vie d'un brin d'herbe.
52 Magne (docteur). Hygiène de la vue.
175 Maindron (Maurice). Les papillons.
360 — Le naturaliste amateur.
325 Maison (Em.). Gros et petits poissons.
326 — Poil et plume.
46 Malaguti et Fabre. Notions de chimie.
183 Marcevaux. Du char antique à l'automobile.
23 Marion (F.). Les ballons et les voyages aériens.
55 Marrin (Docteur P.). La beauté.
361 Martel (F.). Procédés de calcul rapide.
299 Martial (docteur R.). L'ouvrier : son hygiène.
195 Marzy (E.). L'hydraulique.
651 Maudsley (H.). Le crime et la folie.
630 Maxwell. Les phénomènes psychiques.
231 Menant (Joachim). Ninive et Babylone.
232 Menault (E.). L'intelligence des animaux.
233 — L'amour maternel chez les animaux.
123 Mentelle. Cosmographie élémentaire.
112 Meunier (V.). Les grandes pêches.
282 — La mer et les marins.
218 — Gaietés de science.
176 Meunier (Mme S.). Les sources.
234 — L'écorce terrestre.
212 Meunier (Mme H.). Le docteur au village.
656 Millochau (G.). De la terre aux astres.
266 Moitessier. La lumière.
362 Molina (R.). Les explosifs et leur fabrication.
339 Moll-Weiss (Mme). Nos tout petits.
78 Moncel (Th. du). Le téléphone.
267 — Microphone, radiophone, phonographe.
301 — L'éclairage électrique. 2 *vol.*
363 Monier (E.). La T. S. F. et la télémécanique.
174 Monin (docteur). La santé par l'exercice.
295 Moreux (abbé Th.). Les tremblements de terre.
312 — Quelques heures dans le ciel.
286 — D'où venons-nous ?
315 — Qui sommes-nous ?
318 — Où sommes-nous ?
640 — Où allons-nous ?
631 — L'océan aérien.

632 Moreux (abbé Th.). Les merveilles des mondes.

633 — Un jour dans la lune.

634 — Les éclipses.

635 — Les secrets de la mer.

636 — La foudre, les orages, la grêle.

395 Moureux (Charles). La chimie et la guerre. Science et Avenir.

197 Moynet. L'Envers du Théâtre.

134 Nansouty (de). Le machinisme dans la vie quotidienne.

269 — Les trucs du théâtre et du cirque.

278 — —

320 — Petites causeries d'un ingénieur.

397 Neveu-Bellenger. Cours de géométrie.

400 Nordmann (Ch.). Einstein et l'Univers.

364 Oswald (M.). L'évolution de la chimie au 19e siècle.

639 Painlevé et Poincaré. Ce que disent les choses.

37 Papillon (F.). Histoire d'un rayon de soleil.

138 Parville (Henri de). Causeries scientifiques.

293 Pascault (Dr). Précis d'alimentation rationnelle.

402 Pellegrin (J.). Le monde qui peuple les Océans.

94 Perrier (Edm.). Les explorations sous-marines.

645 Petit (F. R.). Les hydraéroplanes.

43 Pizzetta. Les secrets de la plage.

369 — Le monde tropical.

110 Poincaré (Henri). La science et l'hypothèse.

111 — La valeur de la science.

245 — Science et méthode.

172 Pouchet. Mœurs et instincts des animaux.

116 Quatrefages (de). L'espèce humaine.

268 Radeau (Rodolphe). L'acoustique.

410 Rageot (G). La natalité, ses lois économiques et psychologiques.

260 Rawton. Les plantes qui guérissent et les plantes qui tuent.

262 — Le combat pour la vie.

290 Rebière (A.). Les femmes dans la science.

41 Reclus (Elisée). Les mers et les météores.

130 — Les continents.

131 — Histoire d'un ruisseau.

30 Renard (Léon). Les phares.

83 — L'art naval.

140 Renard (commt). L'aéronautique.

365 Renaudet (B.). Le charlatanisme.

92 Rendu (V.). Mœurs pittoresques des insectes.

65 Riant (docteur). L'alcool et le tabac.

177 Ribard (dr). La tuberculose est curable.

133 Richard (Achille). Éléments de botanique.

657 Rivière (P. L.). Une promenade au pays de la science.

117 Robert-Houdin. Les secrets de la prestidigitation.

199 — Magie et physique amusante.

97 Roger (A.). Les monstres invisibles.

168 — Voyage dans les flots.

63 Roulin. Histoire naturelle et souvenirs.

100 Rousseau (L.). Les habitations merveilleuses.

38 Saffray (docteur). Les moyens de vivre longtemps.

235 Saglio (André). Maisons d'hommes célèbres.
1 Saigey. Petite physique du globe.
647 Serrant-Bellenoux. La chimie dans l'art militaire moderne.
294 Sevrette (G.). Les animaux de cirque et de combat.
219 Sidersky. Polarisation et saccharimétrie.
86 Simonin (L.). Les merveilles du monde souterrain.
198 — L'or et l'argent.
21 Sonrel (L.). Le fond de la mer.
200 Ternant (A.). Les télégraphes.
25 Thilorier. Les phénomènes physiques. 4 *vol.*
27 Tissandier (Gaston). La navigation aérienne.
75 — La photographie.
80 — Histoire de mes ascensions.
85 — L'eau.
128 — Le ballon captif à vapeur de Giffard.
308 — Les fossiles.
340 Tissot. Tours de cartes.
137 Tom Tit. La science amusante. 3 *vol.*
201 — La récréation en famille.
271 — Les bons jeudis.
152 Toulouse (docteur). Comment conserver sa santé.
90 Toussenel (A.). L'esprit des bêtes.
179 Trélat (Emile). La salubrité.
154 Troost. Traité élémentaire de chimie.
222 Troost et Péchard. Précis de chimie.
377 Tyndall (John). Chaleur et froid.
652 — Les glaciers et les transformations de l'eau.
653 — La lumière.
186 Varigny (Henry de). La nature et la vie.
187 — Curiosités de l'histoire naturelle.
411 Vaschide (dr.). Le sommeil et les rêves.
166 Vaulx (de la). 16.000 kilomètres en ballon.
285 Ventou-Duclaux. L'aviation appliquée.
33 Villain (H.). Histoire d'un grain de sel.
366 Villon (A. M.). La navigation sous-marine.
367 — Le phonographe et ses explications.
368 Vinot (J.). Récréations mathématiques.
45 Voltaire. Eléments de physique de Newton.
627 Wurtz (Ad.). Chimie médicale. 2 *vol.*
5 Zurcher et Margollé. Le monde sous-marin.
22 — Les glaciers.
31 — Zurcher et Les météores.
70 — Trombes et cyclones.
214 — Les ascensions célèbres.
275 — Les naufrages célèbres.
8 *** Curiosités scientifiques (année 1867).
40 *** — — (année 1868).
165 *** M. Pasteur : histoire d'un savant.
642 *** Les merveilles de l'Exposition de 1878.

K. — Technologie, Professions, Sports.

154 ADAM (Paul). La morale des sports.
147 ALBALAT. L'art d'écrire enseigné en 20 leçons.
88 ALPHANDÉRY (Ed.). L'abeille, sa culture et ses produits.
213 ALTERMANN (Robert). La téléphonie moderne.
208 AMET. Comment on apprend à parler en public.
7 ARDENNI et FONTENELLE. Manuel du poêlier-fumiste.
133 ARREN. La publicité lucrative et raisonnée.
233 — Sa majesté la Publicité.
170 AUSCHER (E. S.). L'art de découvrir les sources et de les capter.
34 BALTET (Charles). La pépinière.
67 BARA et NOALHAT. Les torpilles automobiles.
1?6 BARRIOL. Traité des opérations financières.
171 BATARDON (Léon). Comptabilité commerciale centralisatrice.
172 — Tenue des livres sur feuillets mobiles.
120 BAUDRY DE SAUNIER. Eléments d'automobile.
121 — Eléments de locomotion aérienne.
229 — Le fonctionnement du canon de 75.
68 BEDEL (A.). Traité de la brasserie.
162 BELLET (Daniel). L'évocation de l'industrie.
201 — Nouveautés et progrès de l'industrie.
204 — Dans le royaume des machines.
211 — Dernières inventions, dernières découvertes.
79 BÈRE (F.). Les tabacs.
163 BERGER (Jean). La mine et les mineurs.
45 BERTHIAU. Manuel de l'imprimeur en taille douce.
169 BERTIER (A.). Piles sèches et piles hermétiques.
227 BIÈGE (Henry). Le gaz d'éclairage et ses applications.
253 BILLON (F.). Le chlore et ses dérivés. Encyclopédie industrielle.
41 BISTON (V.). Manuel du chaufournier.
3 BISTON et HANUS. Manuel du charpentier.
238 BLANCHÈRE (DE LA). La pêche en eau douce.
92 BLANCHON (Alph.). La reliure : art et pratique.
95 — L'atelier de tout le monde.
96 — Comment on orne et entretient sa maison.
113 — L'industrie des fleurs artificielles.
6 BOITARD. Manuel de l'architecte des jardins.
173 BOITEL et ASSELINEAU. Précis de sténographie et de dactylographie.
144 BONNEFONT (G.). Les exercices du corps.
26 BORGEAUD. L'organisation commerciale pratique.
137 BOUANT (Emile). Le tabac : culture et industrie.
69 BOURDAIN (Ed.). Manuel du marchand de nouveautés.
215 BOUTILLIER (A.). Notions générales sur la sténographie.
28 BREUIL (DU). La conduite des arbres fruitiers.
174 BRÉVANS (J. DE). Les conserves alimentaires.
80 BROCCHI (Dr). La pisculture dans les eaux douces.
117 BROQUELET (A.). Traité de l'art du cuir.
15 CABS (Maurice). Le livre des campagnes. 2 *vol.*

249 Calfas. L'utilisation des forces naturelles.
243 Cambon (V.). L'industrie organisée.
61 Cardelli. Manuel du cuisinier.
175 Carlès (F.). Les accessoires de l'automobile.
48 Celnart (Mme). Manuel des demoiselles.
224 Champly (R.). Eclairage public et privé.
225 — Travaux en ciment et béton armé.
160 Chaplet (A.). Les industries chimiques modernes.
212 Chaplot (C.). La photographie récréative.
248 Charbonnaud (L.). Comment on cherche et trouve une place. Comment on obtient de l'avancement.
31 Chemin et Verdier. La houille et ses dérivés.
23 Claudel et Laroque. Pratique de l'art de construire.
12 Conseil. Guide de sauvetage à l'usage des marins.
114 Convert (F.). L'industrie agricole.
235 Coustet (E.). Traité général de photographie. Noir et couleur.
176 Croneau (A.). Construction du navire.
177 — Canon, torpilles et cuirasse.
8 Damourette. Matériel des industries du cuir.
164 Dejon (Eug.). La mécanique pratique.
49 Delagardette. Les cinq ordres d'architecture.
46 Dérué et Laurent. Manuel de gymnastique.
179 Desalme et Pierron. Couleurs, peintures et vernis.
81 Deutsch (Henry). Le pétrole et ses applications.
51 Dillaye (Frédéric). L'art en photographie.
63 — Le tirage des épreuves.
78 — Le paysage artistique en photographie.
132 — Le développement en photographie.
178 Dommer (F.). L'incandescence (gaz et pétrole) et l'acétylène.
62 Dubief (Eugène). Le journalisme.
230 Dubut (L. A.). Architecture de maisons.
105 Dugat (Henri). Les aliments animaux.
106 — Les aliments végétaux.
142 Dupont-Vernon. L'art de bien dire.
143 — Diseurs et comédiens. (*Suite*).
82 Estaunié (E.). Les sources d'énergie électrique.
40 Etienne et Masson. Manuel du terrassier.
221 Eudes (P.). Etudes d'architecture.
122 Fabens (Raoul). Les sports pour tous.
165 Fabens et Kumlien. Cours d'éducation physique.
236 Fabre (J.-H.). L'industrie.
180 Faure (G.). Notions sur les changes étrangers.
244 Fayol (H.). Administration industrielle. Prévoyance.
246 Fiat (A.). Traçages. Filetages. Engrenages.
223 Flusin (G.). L'industrie de l'aluminium.
74 Fontenelle (de). Bijoutier-joaillier-sertisseur.
203 Fournier (Lucien). Télégraphes et téléphones.
247 Franck (Roger). Le travail au pouvoir.
216 Frémont (Ch.). Le clou.
42 Frey et Bouchez. Manuel de typographie. 2 *vol.*
255 Gascouin (général). L'évolution de l'artillerie pendant la guerre.
98 Gasquet. Fabrication des eaux et boissons gazeuses.

181 GEORGEOT (M.). Fabrication du fer-blanc.
140 GIBERT (H.). Notions de technologie.
103 GIRARD (L.). Les boissons.
104 — Les sucres et les épices.
195 — Cours de marchandises.
196 — Les corps gras, bougies et savons.
87 GIRAUD (H.). Manuel de linotypie.
32 GIRAUDET. Traité de la danse.
182 GOUILLON (A. F.). Encres et cirages, colles de bureau, cires à cacheter.
90 GRAFFIGNY (Mme DE). Secrets du travail à l'aiguille.
70 GRAFFIGNY (H. DE). Les matériaux artificiels.
71 — Manuel de l'horloger.
94 — La maison moderne.
107 — Les industries d'amateurs.
108 — Catéchisme de l'automobile.
183 — Catéchisme de l'aviation.
139 GRAVIER et LATIÈRE. Les jardins ouvriers.
27 GRESSENT. Parcs et jardins.
217 GRUNWALD (Jules). Technique de l'émaillerie moderne.
218 GUÉDON (Yves). Les transports automobiles.
145 GUILLEMARD. La pêche à la ligne et au filet.
127 GUYOT (Yves). Le commerce et les commerçants.
210 HÉBERT (lieutt). Guide pratique d'éducation physique.
25 HOCQUART et MALESCOT. La tenue des livres pratique.
193 HUBERT (E. D'). Les métaux usuels.
194 — Les métaux précieux.
184 IZART (J.). Canots automobiles et tourisme nautique.
93 JACQUEMART et BOIS. L'industrie de nos jours.
1 JANVIER et BISTON. Manuel du mécanicien-fontainier.
185 JOULIN (Gabriel). L'industrie et le commerce des tissus.
72 KAYSER (Edm.). Les levures et leurs applications.
50 LABRUYÈRE (L.). Les ruses du braconnage.
39 LACROIX. Manuel d'arpentage.
47 LACROIX (Paul). Histoire de la charpenterie.
110 LACROIX et DANLIARD. La plume des oiseaux.
111 — Le poil des animaux et les fourrures.
234 LAHY (J. M.). Le système Taylor et la physiologie du travail.
186 LANGONET (H.). Manuel d'outillage.
156 LARIVIÈRE et JACOBS. Tissage mécanique.
44 LAURENT (G.). Potier d'étain, poids et mesures.
157 — Manuel complet du cordier.
73 LAVERGNE (Gérard). Les turbines.
91 LÉAUTEY (E.). Comptabilité et notions de commerce.
187 LEBOIS et POËLS. Electricité et mécanique industrielles.
219 LECLERCQ (G.). Traité d'arithmétique commerciale.
10 LE NORMAND. Manuel du fabricant de papier. 2 *vol.*
100 — Fabrication de l'horlogerie. 2 *vol.*
30 LEUCHS. Traité des couleurs. 2 *vol.*
89 LE VERRIER. La métallurgie.
150 LEVESQUE (Donatien). Les guides.
11 LIÉGEART. Guide d'ajustage et de tournage.
83 LISBONNE (E.). La navigation maritime.
205 LOBEL. La technique cinématographique.

101 Magnier. Porcelainier, faïencier, potier de terre.
99 Maigne et Petit. Caoutchouc et gutta-percha. 2 *vol.*
166 Malpeaux (L.). Betteraves et chicorée.
245 Marchand (P.). Les travaux de bois.
161 Marchis (L.). Le froid industriel.
189 Marie (Robert). Tramways et chemins de fer électriques.
141 Martin (P.). Cours normal de travail manuel.
151 Massas (Ch. de). Le pêcheur à toutes lignes.
214 Masselon et Roberts. Le celluloïd ; fabrication, applications, substituts.
53 Mathieu (H.). L'A. B. C. du chauffeur.
250 Mathis (H.). Les applications de l'électricité à la vie domestique.
21 Maurou et Broquelet. Traité de l'art lithographique.
240 Mégnin (P.). Le chien. Elevage. 2 *vol.*
128 Meliot. Monnaie, change, arbitrage et crédit.
167 Messager (G.). Eléments de technologie.
54 Michotte (Félicien). L'incendie et le sauvetage.
158 Michot (F.). Modelage, moulage, patine.
56 Millet (Mme). Maison rustique des dames. 2 *vol.*
206 Moll-Wiess (Mme). Le livre du foyer.
64 Monginot (A.). Tenue des livres.
86 Mouillefert (P.). Principales essences forestières.
86 — Exploitation et aménagement des bois.
239 Moulidars (de). Encyclopédie des jeux.
75 Muller. La boutique du marchand de nouveautés.
77 Narjoux (Félix). Histoire d'un pont.
119 Niewenglowski. Traité de photographie des couleurs.
125 — Traité de photographie pratique. 3 *vol.*
135 — Traité des projections lumineuses.
138 — Traité des projections spéciales.
228 — Technique et applications des rayons X.
254 Normand (Gille). La conscience professionnelle.
18 Nosban. Manuel du menuisier-ébéniste. 2 *vol.*
159 Nosban et Maigne. Ebéniste et tabletier.
123 Parmentier (A.). Les métiers et leur histoire.
146 — Les jeux et les jouets.
66 Passy. Maladies du poirier et du pommier.
19 Payen (A.). Traité de la distillation.
155 Péchard (Ch.). Le jiu-jitsu pratique.
197 Pécheux (H.). Le cuir, les os, la nacre, le corail.
198 — Les textiles, les tissus, le papier.
199 — Le caoutchouc, la gutta, les résines.
16 Perrot (A. M.). Le livre de guerre.
38 — Nouveau manuel du graveur.
48 Petit (G.). Céruse et blanc de zinc.
118 — Manuel complet du cartonnier.
57 Petit (Arsène). Les assurances travail.
202 Petit et Bouthillon. La télégraphie sans fil.
35 Pied. Anciens corps d'art et métiers de Nantes. 3 *vol.*
62 — Notices sur les rues de Nantes.
55 Portal (Cam.). Les merveilles de l'horlogerie.
207 Potel (M.). Le livre d'or du négociant. 3 *vol.*
152 Poussart (A.). Les mille trucs.
188 — L'art du tourneur. 2 *vol.*

112 PUJET (Paul). Cuirs et peaux.
76 RABATÉ (Ed.). Le blé, la farine, le pain.
222 RAGNO (S.). La soudure autogène des métaux.
58 RÉGAMEY (Frédéric). Vélocipédie et automobilisme.
129 RICHARD. Théorie mathématique des assurances.
209 ROBERT (Georges). La sciences des armes.
5 ROGER. Traité de natation.
116 ROLET. (Antonin). L'industrie laitière.
130 ROUDÈS (S.). Pour faire son chemin.
148 — —
134 — L'homme qui réussit.
142 — —
241 — —
24 ROUÉ (Paul). Le livre des commerçants. 2 *vol.*
22 ROUFFI et HOCQUART. Guide du parfait jardinier.
14 ROUSSET (Jean). Les machines à écrire.
190 ROYET (capitaine). Les éclaireurs de France.
84 SAGERET. Les applications de l'électricité.
59 SAUZAY (A.). La verrerie.
231 SCHREBER. Gymnastique de chambre.
168 SÉVRETTE (Gaston). Tourisme et art de voyager.
220 SGANZIN. Cours de constructions. 3 *vol.*
131 SICRE (Camille). Les secrets commerciaux.
109 SIDERSKY. Les usages industriels de l'acool.
153 SIEBECKER (E.). Physiologie des chemins de fer.
60 SIMOND (Ch.). Quand je serai chasseur.
102 SOULIER (Alfred). Traité de galvanoplastie.
65 STAFFE (Mme). Le cabinet de toilette.
242 — Mes secrets. Hygiène.
13 THIERRY. Recueil d'escaliers.
37 TOURETTE. Chemins de fer, routes et canaux.
2 TOUSSAINT. Manuel de la coupe des pierres.
191 TRIBOT-LASPIÈRE. La locomotive moderne.
33 TROGNEUX. Les modes de transport par mer.
200 VENTOU-DUCLAUX. Les caoutchoucs artificiels.
17 VERGNAUD. Manuel de l'artificier poudrier.
4 VERGNAUD et MALEPEYRE. Manuel du fondeur. 2 *vol.*
226 VERLEYE (Léon). Les pierres précieuses et les perles.
115 VIEIL (Pierre). Sériciculture.
36 VILLAIN (L.). La viande saine et la viande malade.
97 VIOLLET-LE-DUC. Comment on construit une maison.
20 WALKHOFF. Fabrication du sucre de betteraves. 2 *vol.*
252 WEISS (E.). Ce qu'il est nécessaire de savoir concernant l'automobile.
29 WERDET (Ed.). La librairie et l'imprimerie.
124 ZACCONE. La poste anecdotique et pittoresque.
192 ZEROLO (M.). Motocyclettes et tricars.
9 *** Les célébrités de l'atelier.
136 *** Manuel de travaux de dames.
232 *** Cours d'architecture.

L. — Sociologie, Politique, Législation.

80 ABEILLE (L.). Marine française et marines étrangères.
11 ABOUT (Edmond). Le progrès.
206 — A. B. C. du travailleur.
178 ACCARIAS. Précis de droit romain. 2 *vol.*
183 ACCOLAS (Emile). Le droit de la guerre.
246 AJAM (Maurice). La parole en public.
184 ALBERGE (C.). Pour la patrie.
108 ARNOULD (A.). Une campagne à la Marseillaise.
232 AUBERT (G.). A quoi tient l'infériorité du commerce français ; comment y remédier ?
64 — —
60 — Les nouvelles Amériques.
194 AUBERT (Louis). Paix japonaise.
248 AUBRY (Pierre). La colonisation et les colonies.
158 AUCOC (Léon). Des sections de commune.
128 AUDIGANNE. Les populations ouvrières et les industries de la France. 2 *vol.*
155 — Mémoires d'un ouvrier de Paris.
207 AVENEL (G. D'). Les Français de mon temps.
200 — Paysans et ouvriers depuis sept cents ans.
201 — La fortune privée à travers sept siècles.
202 — Prêtres, soldats et juges sous Richelieu.
203 — Le mécanisme de la vie moderne. 5 *vol.*
212 — Les riches depuis septs cents ans.
219 — La noblesse française sous Richelieu.
256 — Découvertes d'histoire sociale (1200-1910).
14 BANCEL. Les révolutions de la parole.
66 BASTIAT (Frédéric). Œuvres complètes. 7 *vol.*
9 BAUDIN (P.) et NASS. La rançon du progrès.
208 BAUDIN (Pierre). L'armée moderne et les états-majors.
3 BLANC (Louis). Questions d'aujourd'hui et de demain. 2 *vol.*
215 BLOCH (G.) La république romaine.
217 BONNAUD (Félix). Cabet et son œuvre.
152 BORDEAUX (Henry). Le mariage. Hier et aujourd'hui.
163 BOUGLÉ (C.). Vie spirituelle et action sociale.
109 BOUILLOUX-LAFONT. Les chambres de métiers.
91 BOURDON (Georges). L'énigme allemande.
92 BOURGEOIS (Léon). Pour la société des nations.
118 — Solidarité.
191 BOURGUIN (Maurice). Les systèmes socialistes.
142 BRAFF. Principes d'administration communale. 2 *vol.*
244 BRISSET-BONNETAIN. Le droit usuel de la famille.
78 BRIZON (P.). Histoire du travail et des travailleurs.
247 BROUILHET (Charles). Le conflit des doctrines.
93 BUTLER. L'esprit international.
115 CABET. Voyage en Icarie.
34 CADOUX (G.). La vie des grandes capitales de l'Europe.
218 CAHEN et MATHIEZ. Les lois françaises de 1815 à nos jours.
234 CAHU (Th.). Le soldat français à travers l'histoire.

20 CAMBON (Victor). Notre avenir.
259 — —
73 CARNEGIE (Andrew). L'A. B. C. de l'argent.
221 — La démocratie triomphante.
237 — L'empire des affaires.
43 CARRAUD (Mme). Les veillées de maître Patrigeon.
119 CASTELNAU (DE). Les plaies sociales (l'ignorance).
180 CAVASSE et RABATÉ. Le droit rural et le cadastre.
214 CHANTAVOINE. Les principes de 1789.
195 CHASSAING (J. B.). Notions usuelles de droit civil.
228 CHÉRADAME (André). La crise française.
55 CLAMAGERAN. La réaction économique et la démocratie.
75 CLÉMENCEAU (G.). La mêlée sociale.
72 COCHUT. Law : son système et son époque.
24 COLINS. Qu'est-ce que la science sociale ? 4 vol.
140 COLLIER. Tenue de l'état-civil en France.
31 COMPAGNON. Les classes laborieuses.
213 COMPAYRÉ. Herbart et l'éducation par l'instruction.
7 CONDORCET. Organisation de l'instruction publique.
19 — Tableau du progrès de l'esprit humain.
131 CONSIDÉRANT (Victor). Au Texas.
49 COTTU. Droits des peuples et des gouvernements.
162 COURTOIS. Opérations de bourse.
198 CROISET (A.). Les démocraties antiques.
239 DANTON. Discours.
257 DEBURY. Un pays de célibataires et de fils uniques.
245 DELAISI (Fcis). La politique de la production. Le pétrole.
246 — —
148 DELONCLE (Ch.). Capital et travail. Vers des temps nouveaux.
97 DESCAMPS. La formation sociale de l'anglais moderne.
171 DESLINIÈRES (Lucien). La France Nord-Africaine.
101 DESMOULINS (Camille). Œuvres.
45 DESPLOIS (Eug.). Le vandalisme révolutionnaire.
242 DOMERGUE (J.). La question des sociétés de crédit.
220 DOUAY (Ed.). Comme on devient un homme.
4 DOUMER (Paul). Livre de mes fils.
166 DROZ (Joseph). Économie politique.
79 DUBIEF. Apprentissage et enseignement technique.
84 — A travers la législation du travail.
54 DUCHÊNE (Georges). La spéculation et l'agiotage.
58 DUPLAN (J. L.). Lettres d'un vieil américain à un Français.
260 — —
261 — —
249 DUPRAT (G.). La solidarité sociale.
186 DUPUY (Charles). Conférences pour les adultes.
57 DURAND DE NANCY. Nouveau guide en affaires.
15 ESPIE (D'). La politique française.
28 FAGUET (Emile). Discussions politiques.
209 — Le socialisme en 1907.
229 — Le pacifisme.
233 FLEURY-RAVARIN. Notre défense maritime et coloniale.
18 FONCOU (Félix). Histoire du travail.
6 FRARY (Raoul). Le péril national.
30 GARNIER (J.). Du principe de population.

56 GARNIER (J.). Eléments de finances.
141 — Eléments d'économie politique.
48 GASPARIN (DE). L'égalité.
82 — Discours politiques.
87 — L'ennemi de la famille.
62 — La France, notre avenir, 2 *vol.*
99 GASTINEAU. Les transportés de décembre 1851.
240 GATTI DE GAMOND (Mme). Fourrier et son système.
42 GAULTIER (Paul). Les maladies sociales.
134 GEORGEVITCH (T. R.). La Macédoine.
150 GERMIMET. L'industrie à travers les siècles.
16 GÉROME (J. B.). Le vrai socialisme.
32 GIDE. Sociétés coopératives de consommation.
167 — Principes d'économie politique.
149 GIRARDIN (DE.). La liberté.
59 GIRAUD (A.). Eléments de droit municipal.
193 GONNARD. La femme dans l'industrie.
222 GRAND CARTERET. La France jugée par l'Allemagne.
61 GUÉPIN (docteur). Le socialisme expliqué.
17 GUÉROULT. Les théories de l'internationale.
126 GUIZOT. De la démocratie en France.
70 GUYOT (Yves). Voyages et découvertes de M. Faubert.
23 HANOTAUX (G). L'Energie française.
21 HERRIOT (Ed.). Agir.
47 — Créer, 2 *vol.*
146 — — 2 *vol.*
154 HESS (Jean). La question du Maroc.
172 — La Vérité sur l'Algérie.
53 HUBBARD. Sociétés de prévoyance.
173 HURET (Jules). Sur la question sociale en Europe.
182 JACOLLIOT (L.). Voyage au pays de la liberté.
181 JANNET (Claudio). Les Etats-Unis contemporains.
12 JOHANET. Autour du monde millionnaire américain.
227 KOETTSCHAU. Les forces de la France et de l'Allemagne.
22 LABOULAYE (Edouard). Le parti libéral.
170 LABRY (RAOUL). L'Industrie russe et la Révolution.
174 LAIR (Maurice). L'impérialisme allemand.
8 LAISANT (A.). L'anarchie bourgeoise.
187 LAHAUSSOIS (Maxime). L'armée nouvelle.
88 LAMARTINE (DE). Le passé, le présent, l'avenir de la République.
185 LAMY (DE). Les causeries du juge de paix.
40 LANESSAN (DE). Nos forces navales.
41 — Nos forces militaires.
264 LASKINE (Edm). Le Socialisme suivant les peuples.
267 — —
95 LAURENT. La paix armée et le problème de l'Alsace.
83 LEBERQUIER (J.). Code municipal.
107 LEBON (André). Problèmes économiques.
265 LE BON (Dr Gustave). Psychologie des temps nouveaux.
268 — La Révolution française et la psychologie des révolutions.
84 LECOUTURIER (H.). La Cosmosophie ou le socialisme universel.
33 LÉON (P.). Fleuves, canaux, chemins de fer.

156 LÉPINE (F.). La mutualité.
139 LE PLAY. L'organisation du travail.
157 — La réforme sociale en France. 3 *vol.*
204 LERMINA (Jules). Histoire de la misère.
236 LE ROUX (Hugues). Le bilan du divorce.
175 LEROY-BEAULIEU. Les nouvelles sociétés anglo-saxonnes.
250 LEVASSEUR (E.). Salariat et salaires.
266 LÉVY (R.-G.). La juste paix.
26 LEYRET (H.). Le président de la République.
269 LOCARD (Dr. Edmond). L'enquête criminelle et les méthodes scientifiques.
176 LOIR et DE CAQUERAY. La marine et le progrès.
77 LOTI (Pierre). La mort de notre France en Orient.
270 LUCHAIRE (Julien). Les démocraties italiennes.
179 LYON CAEN et RENAULT. Manuel de droit commercial.
262 LYSIS. Vers la démocratie nouvelle.
263 — Pour renaître.
138 MALON (B.). Ecoles socialistes françaises.
223 MANESSE. Les paysans et leurs seigneurs avant 1789.
255 MANGIN (Lt Cel). La force noire.
245 MARÉCHAL (G.). La femme et la loi.
67 MARET (H.). Pensées et opinions.
71 MATTHÉUS. Le nouveau riche et le bourgeois de Paris.
145 MAUCORPS. Propriété foncière (Paris et Seine).
74 MAXWELL (J.). Le crime et la société.
2 MAZE (Hippolyte). La lutte contre la misère.
121 MENIER. Théorie de l'impôt sur le capital.
226 MICHELET (J.). L'étudiant.
224 MIMANDE (Paul). Criminopolis.
225 — Forçats et proscrits.
1 MOLINARI (DE). Les lois de l'économie politique.
196 MONTHEUIL (A.). La charité privée à l'étranger.
68 MOUTON (colonel). La transportation en Afrique.
254 MOYE et NOGARO. Les régimes douaniers.
159 NADAUD. Les classes ouvrières en Angleterre.
129 NAQUET (Alfred). Le divorce.
127 NAUDEAU (Ludovic). Les dessous du chaos russe.
130 — En prison sous la terreur russe.
85 NORMAN-ANGELL. La grande illusion.
133 — —
110 — Le chaos européen.
252 NORVINS (L. DE). Les milliardaires américains.
63 NOVICOW. L'Alsace-Lorraine, obstacle à l'expansion allemande.
65 — La fédération de l'Europe.
29 PARODI (D.). Traditionalisme et démocratie.
13 PASSY. Les machines et leur influence sur l'humanité.
89 — Pour la paix.
25 PECQUEUR. Economie sociale. 2 *vol.*
112 PELLETAN (Eug.). Profession de foi du XIXe siècle.
113 — Les rois philosophes.
114 — Les droits de l'homme.
241 PELLISSON. Les bibliothèques populaires.
258 — Œuvres complémentaires de l'école.
824 POINCARÉ (R.). Ce que demande la cité.

52 Prévost-Paradol. La France nouvelle.
51 Proudhon. Capacité politique des classes ouvrières.
94 — La révolution sociale.
96 — Du principe fédératif.
98 — Les confessions d'un révolutionnaire.
123 — Qu'est-ce que la propriété?
5 Quinet (Edgard). Le livre de l'exilé.
210 Régismanset (Ch.). Le miracle français en Asie.
251 Renard. Syndicats, trade-unions et corporations.
188 Ricardo. Rentes, salaires et profits.
50 Robert. Guide des sociétés de secours mutuels.
44 Robida (A.). Les escholiers du temps jadis.
216 Romme (Dr). L'alcoolisme et la lutte contre l'alcool.
177 Roosevelt (Théodore). La vie intense.
231 — New-York.
168 Rousiers (de). Le trade-unionisme en Angleterre.
238 — Les grands ports de France.
35 — Les syndicats industriels de producteurs.
102 — L'élite dans la société moderne.
10 Rousseau (Jean-Jacques). Contrat social.
36 Roux (Ch.). Notre marine marchande.
189 Say (J.-B.). Économie politique.
111 Schmitt et Bornet. Manuel du citoyen français.
161 Schwob (Maurice). Le danger allemand.
235 — La guerre commerciale.
37 Seilhac (de). Syndicats ouvriers, bourses du travail.
192 Siegfried (André). Le Canada.
124 Simon. Observations recueillies en Angleterre. 2 *vol.*
86 Simon (Jules). L'ouvrière.
90 — La liberté politique.
116 — Le devoir.
117 — Le travail.
125 — Le livre du petit citoyen.
151 — La femme du vingtième siècle.
190 Spuller (Eugène). Conférences populaires.
211 Stead (W.-T.). L'américanisation du monde.
197 Tarsot. Écoles et écoliers à travers les âges.
144 Tolstoï (Léon). La loi de l'amour et la loi de la violence.
205 Toulouse (docteur). Les leçons de la vie.
230 Treille. Le commerce de Nantes et la Révolution.
46 Vacherot (Étienne). La démocratie.
27 Van Dyke (H.). Le génie de l'Amérique.
100 Vermorel (A.). Mirabeau. 2 *vol.*
38 Villain (G.). Le fer, la houille et la métallurgie.
137 Vincard (Pierre). Les ouvriers de Paris.
143 Vivante (Angelo). L'Irrédentisme Adriatique.
136 Voïnovitch (Comte L.). La Dalmatie, l'Italie et l'unité Yougo-slave.
120 Voltaire. Politique et législation. 2 *vol.*
76 Waldeck-Rousseau. Action républicaine et sociale.
253 Weiller. Les grandes idées d'un grand peuple.
165 Willoughby. Essais sur la législation ouvrière.
39 Zolla. Questions agricoles d'hier et d'aujourd'hui.
69 *** La deuxième conférence de la Haye.
147 *** Le code des femmes.

160 *** Les associations ouvrières en Angleterre.
122 *** Séances du congrès ouvrier (Lyon 1878).
199 *** L'armée à travers les âges.
132 *** L'Économiste français (1879 à 1882). 4 *vol.*
153 *** Bulletin des sociétés coopératives 2 *vol.*
243 *** Congrès général socialiste (Paris 1899).

M. — Romans, Contes, Nouvelles.

111 About (Edmond). L'homme à l'oreille cassée.
*6108 — —
* 231 — Les mariages de Paris.
1522 — —
3441 — —
250 — Germaine.
5345 — —
6283 — —
6580 — —
549 — Le cas de Monsieur Guérin.
4611 — —
6426 — —
* 631 — Le nez d'un notaire.
*1828 — —
*4610 — —
*6257 — —
507 — Les mariages de province.
4606 — —
* 797 — Trente et quarante.
*6581 — —
880 — La Vieille-Roche. 3 *vol.*
4609 — — 3 *vol.*
821 — Le turco.
4340 — —
920 — L'infâme.
4607 — —
* 921 — Le fellah.
*4608 — —
1040 — Maître Pierre.
*1432 — Le roi des montagnes.
*1437 — —
*1825 — —
1843 — Alsace.
*2313 — Le roman d'un brave homme.
*4904 — —
3503 — De Pontoise à Stamboul.
2320 — Tolla.
4082 — —
4534 — Madelon. 2 *vol.*
404 Achard (Amédée). Belle-Rose.
6308 — —
403 — Les coups d'épée de M. de la Guerche.
3699 — —
4050 — Droit au but.

407 ACHARD (Amédée). Le roi de cœur.
439 — Les femmes honnêtes.
4170 — —
671 — Une saison à Aix-les-Bains.
758 — Les filles de Jephté.
4237 — Le duc de Carlepont.
4267 — —
789 — Noir et blanc.
1041 — —
810 — Le journal d'une héritière.
4580 — —
998 — Madame Rose.
5437 — —
1003 — Récits d'un Soldat.
1019 — Souvenirs de la Forêt-Noire.
5438 — Mademoiselle d'Espars.
1048 — Les trois grâces.
1556 — Les chaînes de fer.
1680 — Histoire d'un homme.
1846 — Les rêveurs de Paris.
1901 — La chasse royale. 2 *vol.*
5439 — — 2 *vol.*
5440 — La sabotière.
1904 — Brunes et blondes.
1905 — La vipère.
5441 — —
3697 — Les misères d'un millionnaire.
5057 — —
1975 — Les campagnes d'un roué *(Suite)*.
3229 — — —
2259 — Histoire de mes amis.
2260 — L'eau qui dort.
3698 — Le Clos Pommier.
4442 — La toison d'or *(Suite)*.
5442 — —
3839 — Madame de Sarens.
3840 — Maurice de Treuil.
5443 — —
3841 — Olympe de Mézières.
5188 — La traite des blondes.
5444 — —
5445 — Les vocations.
6103 ACKER (Paul). Une aïeule contait...
1919 — Dispensé de l'article 23.
589 ADAM (Paul). Au soleil de juillet.
831 — Clarisse et l'homme heureux.
1136 — La cité prochaine.
1937 — La force.
2003 — L'enfant d'Austerlitz.
2669 — La ruse.
2976 — Le serpent noir.
3007 — Combats.
3186 — Les lions.
4756 — La bataille d'Uhde.
8031 — Le trust.

2084 ADAM (Paul). Le Lion d'Arras.

1193 ADAM (Mme Ed.). Voyage autour du Grand-pin.

1194 — Dans les Alpes.

3324 — Laide.

5976 ADERER (Adolphe). Le mariage du lieutenant.

2083 ADHÉMAR (D'). Roman vécu au Transvaal.

312 ADRIEN (Paul). Une dette de jeu.

275 AGHONNE (Mie D'). Les mémoires d'un chiffonnier.

913 — Bonjour et bonsoir.

4084 — L'écluse des cadavres.

5092 AICARD (Jean). L'illustre Maurin.

802 — Tata.

803 — Roi de Camargue.

815 — L'été à l'ombre.

843 — Mélita.

2088 — Forbin de Solliès.

3304 — Benjamine.

3543 — Fleur d'abîme.

3619 — —

3400 AIGREMONT (Paul D'). Vierges de France.

3401 — Suprême Victoire.

3957 — —

4612 — Reine Marie. 3 *vol.*

28 AIMARD (Gustave). Valentin Guillois.

4226 — —

5175 — —

6636 — —

30 — La fièvre d'Or.

4905 — —

6214 — —

6627 — —

4908 — Les chercheurs de Pistes.

6216 — —

6623 — —

34 — Les Trappeurs de l'Arkansas.

4083 — —

35 — Les rôdeurs de frontières.

61 — —

6641 — —

36 — Les Francs-Tireurs.

150 — —

5937 — —

6626 — —

38 — Les Outlaws du Missouri.

5176 — —

39 — Balle-Franche.

1106 — —

5637 — —

105 — La Loi de Lynch.

4118 — —

6638 — —

6032 — —

437 — L'Eau-qui-court.

4169 — —

445 — La Belle-Rivière. 2 *vol.*

4231 AIMARD (Gustave) La Belle-Rivière. 2 *vol.*
6629 — —
6630 — —
451 — Les Bisons blancs.
40 — L'Éclaireur.
4203 — —
6631 — —
723 — Les Bois-brûlés. 3 *vol.*
4317 — — 3 *vol.*
724 — La Forêt vierge. 3 *vol.*
4318 — —
6640 — — 3 *vol.*
725 — Les Coupeurs de routes. 2 *vol.*
4206 — —
4207 — Rosas.
6610 — —
4209 — Le Souriquet. 2 *vol.*
4304 — —
750 — Les Gambucinons.
4210 — —
4211 — —
6643 — —
751 — Sacramenta.
4212 — —
6624 — —
752 — Le Guaranis.
4214 — —
6644 — —
753 — Le Montonero.
1107 — —
6625 — —
729 — Zeno Cabral.
754 — —
6635 — —
755 — Les chasseurs d'abeilles.
1116 — —
6628 — —
779 — Michel Hartmann : 1. Les Marquards.
5186 — —
781 — Le rancho du pont de lianes.
5181 — —
6614 — —
862 — La main ferme.
4246 — —
6634 — —
903 — Les fils de la tortue.
4238 — —
954 — Cornélio d'Armor. 2 *vol.*
4318 — — 2 *vol.*
955 — La Mas-Horca.
4239 — —
4240 — —
6617 — —
958 — Les nuits mexicaines.
4241 — —

6611 AIMARD (Gustave). Les nuits mexicaines.
Les Invisibles de Paris :
4242 — —
6616 — — I. Les compagnons de la lune.
960 — — II. Passe-partout.
5183 — — —
6622 — — —
961 — — III. Le comte de Warrens.
5184 — — —
6613 — — —
962 — — IV. La cigale.
4243 — — —
4244 — — —
963 — — V. Hermosa.
5185 — — —
6615 — — —
577 — Le grand chef des Aucas. 2 *vol.*
4190 — — 2 *vol.*
4316 — — 2 *vol.*
6620 — — —
6631 — — —
1049 — La grande flibuste.
6632 — — —
1673 — Le trouveur de sentiers.
5182 — —
1875 — Les bandits de l'Arizona.
2164 — —
2261 — Les Vaudoux.
5180 — —
2262 — Le lion du désert.
2949 — Le guérilla fantôme.
Les rois de l'Océan :
4216 — — I. Les aventuriers.
5177 — — —
777 — — II. Les bohêmes de la mer.
796 — — —
4217 — — —
863 — — III. La castille d'or.
897 — — —
4224 — — —
4218 — — VI. Le forestier.
4350 — — —
956 — — V. Les titans de la mer.
727 — — VI. L'Olonais.
4208 — — —
4204 — — VII. Vent-en-panne.
715 — — VIII. Ourson tête de fer.
6612 — — —
4227 — Les trapeurs. Les rôdeurs de frontières.
257 — Le Cœur-loyal.
4228 — —
6633 — —
4229 — Balle-franche. L'éclaireur.
4230 — Les outlaws. Les chasseurs d'abeilles.
4303 — La grande flibuste. La fièvre d'or.

4349 AIMARD (Gustave). Une page de ma vie. El Dorado.
5178 — Le chasseur de rats. 2 *vol.*
5179 — Les Peaux-rouges de Paris. 3 *vol.*
5994 — Curumilla.
Le Rastréados :
6618 — — I. Le Plateados.
6619 — — II. Le Doigt de Dieu.
6645 — Les Pirates des prairies.
6215 — —
6642 — —
4999 AINSWORTH (W. H.). Abigaïl.
* 2004 ALANIC (Mathilde). Ma cousine Nicole.
*6190 — —
*5059 — Et l'amour dispose.
5060 — Le maître du Moulin blanc.
6583 — —
5447 — Le devoir d'un fils.
6211 — —
6427 — Le miracle des perles.
*6562 — Nicole maman.
6582 — La petite Miette.
6584 — Mie Jacqueline.
4906 ALARCON (A. DE). L'enfant à la boule.
5448 — Le scandale.
2686 ALBERT (Maurice). Les théâtres des boulevards.
*2431 ALEXANDER. Aveugle destin.
2436 — Le choix de Mona.
2459 — L'erreur de Catherine.
1949 ALHEIM (D'). La passion de maître Fr. Villon.
3701 ALHIX (Antoine). Mirage d'or.
2087 ALIN (Pierre). Le journal de César.
1596 ALIS (Harry). Reine Soleil.
69 ALLAIS (Alphonse). Deux et deux font cinq.
2163 — Rose et vert pomme.
4613 — Le captain Cap.
4614 — Vive la vie !
4715 — Le parapluie de l'escouade.
77 ALLARD (Léon). L'impasse des Couronnes.
3790 — Maison de famille.
2264 ALAMBERT (A. D'). Un mariage morganatique.
3814 ALVIELLA (D'). Partie perdue.
2263 AMBO (Gustave). Un voyage de noce.
5449 AMBALOGES (D'). Assunta.
5189 AMEZEUIL (D'). Miss Putiphar.
2265 AMERO (Constant). Le coq rouge.
8018 — Tour de France d'un petit parisien.
1209 — —
5450 ANCELOT (Mme). Une famille parisienne au 19e siècle.
2804 ANET (Claude). Les bergeries.
2266 ANNUNZIO (Gabriel D'). Les vierges au rocher.
5451 — Episcopo et Cie.
6095 — Forse che si forse che no.
6550 — L'enfant de volupté.
5452 ANTAR (Michel). En smaala.
1207 ARBOUVILLE (Mme D'). Une vie heureuse.

3702 Arbouville (Mme d') Marie-Madeleine.
* 225 Ardel (Henri). Rêve blanc.
* 941 — —
*6249 — —
* 891 — Au retour.
*4873 — —
* 282 — Mon cousin Guy.
*6586 — —
*2753 — Cœur de sceptique.
*6371 — —
*5063 — Seule.
*6192 — —
5061 — L'absence.
6193 — —
6377 — —
*5062 — Renée Orlis.
*6299 — —
*5155 — Le rêve de Suzy.
*6191 — —
2089 — Le feu sous la cendre.
6300 — —
*2328 — Tout arrive.
*6587 — —
3623 — Le chemin qui descend.
3631 — L'aube.
6585 — —
3791 — L'été de Guillemette.
1235 Arène (Paul). Le canot des six capitaines.
1995 — Friquettes et friquets.
4615 — Le midi bouge.
851 — Domine.
6360 Armoises (des). Les millions du beau-père.
5453 Arnould (Arthur). Contes humoristiques.
6383 Arnoux (Al.). Indice 33.
4810 Art (Georges). Les émotions d'un gratte-papier.
45 Assolant (Alfred). Mémoires de Gaston Phœbus.
4102 — —
46 — Acacia.
569 — Deux amis en 1792.
570 — Marcomir.
6454 — —
572 — La mort de Roland.
604 — Une ville de garnison.
3305 — —
3769 — —
639 — La bataille de Laon.
640 — Plantagenet. 2 *vol.*
931 — Récits de la vieille France.
996 — Hyacinthe.
1060 — Le tigre.
1420 — Chiffon.
5190 — —
4907 — Le puy de Montchal.
1504 — Le seigneur de Lanterne.
1835 — Brancas.

1836 ASSOLANT (Alfred). Le docteur Judassohn.
4359 — —
2269 — Histoire fantastique du célèbre Pierrot.
3306 — —
*3231 — Le capitaine Corcoran. 2 *vol.*
4018 — Les crimes de Polichinelle.
4198 — Un millionnaire.
4581 — Le plus hardi des gueux
4733 — Un mariage au couvent.
5017 — Désirée.
5648 — Cadet Borniche.
2500 AUBIER (Fernand). Trois filles à marier.
485 AUBRYET (Xavier). La femme de vingt-cinq ans.
5468 — Les patriciennes de l'amour.
2271 AUDEBRAND (Phil.). Schinderhannes.
2273 — Les yeux noirs et les yeux bleus.
5999 — César Berthelin.
6092 — Les fredaines de Jean de Cérilly.
1587 AUDOUARD (Olympe). Les escompteuses.
2274 AUDOUIN (Maxime). Lettres de ma falaise.
4729 AUDOUX (Marguerite). Marie-Claire.
6428 — —
672 — L'atelier de Marie-Claire.
2275 AUFAUVRE (Amédée). Jean l'égorgeur.
5142 — Le fils de la Vierge.
5191 AUGU (H.). Le mousquetaire du cardinal. 2 *vol.*
3204 AUNET (d' L.). Voyage d'une femme au Spitzberg.
2277 AURIAC (Jules D'). L'aigle noir des Dacotahs.
3770 — —
259 — Les terres d'or.
260 — Jim l'indien.
258 — L'esprit blanc.
2276 — —
3392 — —
2278 — Les pieds fourchus.
2279 — Le mangeur de poudre.
2281 — Le scalpeur des Ottawas.
2282 — Rayon de soleil.
2165 AURIOL (Georges). En revenant de Pontoise.
2166 — Histoire de rire.
4616 — A la façon de Barbari.
5990 — Le tour du cadran.
3815 AUSTRUY (Henri). L'homme sans yeux.
1872 AVESNE. L'Ile heureuse.
6563 — La Vocation.
5454 BADIN (Adolphe). Couloirs et coulisses.
5455 — Un Parisien chez les Russes.
47 BALZAC (Honoré DE). Les Chouans.
178 — —
48 — Histoire des Treize.
4103 — —
4104 — —
119 — Le cousin Pons.
5280 — —
120 — La maison du Chat-qui-pelote.

537 BALZAC (Honoré DE). La maison du Chat-qui-pelote.
4332 — —
228 — La maison Nucingen.
5285 — —
528 — Le contrat de mariage.
5346 — —
5456 — —
538 — La femme de trente ans.
3772 — —
4175 — —
4176 — —
5282 — —
* 652 — Eugénie Grandet.
*1558 — —
*5286 — —
653 — Illusions perdues. 3 *vol.*
5289 — —
870 — Les petits bourgeois. 2 *vol.*
3459 — — 2 *vol.*
1198 — Le lys dans la vallée.
4292 — —
1419 — Les employés.
5460 — —
1426 — La fausse-maîtresse.
1430 — Séraphita.
1972 — Les Marana.
2283 — La lune de miel. 2 *vol.*
3009 — Argow le pirate.
3010 — Béatrix.
5461 — —
3011 — Sur Catherine de Médicis.
3012 — Les célibataires. 2 *vol.*
5287 — — 2 *vol.*
6284 — — 2 *vol.*
3013 — Le centenaire.
3014 — —
3714 — Grandeur et décadence de César Biroteau.
5284 — —
3524 — L'illustre Gaudissart.
4735 — La rabouilleuse.
3015 — Contes drôlatiques. 2 *vol.*
4051 — — 2 *vol.*
3016 — Splendeurs et misères des courtisanes. 2 *vol.*
3178 — —
3017 — Le curé de village.
5457 — —
3132 — La cousine Bette.
3019 — Le député d'Arcis.
3020 — La dernière fée.
3307 — —
3021 — Dom Gigadas.
5462 — —
3022 — L'enfant maudit.
3023 — L'envers de l'histoire contemporaine.
5463 — —

6220 Balzac (Honoré de). L'envers de l'histoire contemporaine.
3024 — L'excommunié.
3025 — L'héritière de Birague.
3026 — Honorine.
3027 — L'israélite.
3028 — Jane la Pâle.
3030 — Louis Lambert.
3031 — Le médecin de campagne.
5281 — Mémoires de deux jeunes mariées.
5325 — —
3033 — Modeste Mignon.
3716 — —
5283 — —
3034 — Les parisiens en province.
3035 — Les paysans.
3036 — La paix du ménage.
5464 — —
*3703 — Le colonel Chabert.
3704 — La vieille fille.
6344 — —
*3037 — Le père Goriot.
*3125 — —
3038 — Physiologie du mariage.
3771 — — 2. vol.
3039 — La recherche de l'absolu.
3040 — Les rivalités.
5288 — —
3044 — Une ténébreuse affaire.
3715 — —
3042 — Ursule Mirouet.
3713 — —
6219 — —
3043 — La dernière incarnation de Vautrin.
3150 — —
6134 — Le vicaire des Ardennes.
3045 — Petites misères de la vie conjugale.
5458 — —
*3308 — La peau de chagrin.
*4323 — —
5315 — Etudes philosophiques.
5316 — — (*Suite*).
5139 Banville (Théodore de) La vie d'une comédienne.
6291 — —
4909 Bapaume (A.). Les requins de Paris.
1982 Barbara (Charles). Les détraqués.
3431 — Histoires émouvantes.
5465 — L'assassinat du Pont Rouge.
5466 — Ary Lang.
2371 Barbusse (H.). Le feu.
6136 — —
6456 — Clarté.
81 Barracand (Léon). Le manuscrit du sous lieutenant.
164 — Les hésitations de Mme Planard.
1479 — Vicomtesse.

5392 BARACAND (Léon). Amour oblige.
2035 BARBERET (J.). La bohême du travail.
1389 BARBEY D'AUREVILLY. Les diaboliques.
1944 — Une histoire sans nom.
5000 — Le chevalier des Touches.
6453 — —
5156 — Un prêtre marié.
381 BARET (Ch.). Cahots et cabots.
1544 BAROT (Odysse). Madame la présidente.
2742 BARRÈS (Maurice). Les déracinés.
*4666 — Colette Baudoche.
6086 — Leurs figures.
3899 BARRETT (Frank). Le mystère du Grand-Hesper.
8101 BASSET (Serge). Le premier amour.
5469 BASTARD (Georges). En croisière.
2805 BAUDIN (Pierre). La poussée.
2754 BAUER (Henry). Une comédienne.
1917 BAUMANN (Antoine). Le tribunal de Vuillermoz.
2168 — —
893 BAYEUX (A. M.). Diana.
5470 — Les gens de loi.
79 BAZIN (René). Terre d'Espagne.
838 — L'isolée.
3046 — —
894 — Le mariage de Mlle Gimel, dactylo.
5064 — —
*1263 — Une tache d'encre.
*5066 — —
1964 — Croquis de France et d'Orient.
3706 — —
*2070 — La terre qui meurt.
*3466 — La terre qui meurt.
*6457 — —
2507 — La barrière.
6000 — —
2350 — Le guide de l'empereur.
3795 — Les nouveaux Oberlé.
*6149 — —
*6429 — —
*3792 — Gingolph l'abandonné.
6123 — —
2687 — Donatienne.
4875 — —
6430 — —
3243 — Madame Corentine.
3245 — La sarcelle bleue.
4773 — —
6258 — —
3402 — De toute son âme.
5067 — —
5347 — —
3747 — Contes de bonne Perrette.
3778 — Les Noellet.
5018 — —
3780 — Ma tante Giron.

3781 BAZIN (René). Les Oberlé.
5065 — —
*4414 — Le blé qui lève.
*4811 — —
*8103 — —
4535 — Mémoires d'une vieille fille.
5048 — Davidée Birot.
6035 — Nord-Sud.
2806 BEAUME (Georges). Les Robinsons de Paris.
3728 — La bourrasque.
4812 — Corbeille d'or.
5471 BEAUJOINT. Rendez-vous de chasse et d'amour.
5472 BEAULIEU (C. DE). Jean Mulhberg.
5473 BEAUMONT (Charles). Le cahier de Marcel.
350 BEAUMONT-VASSY (DE). Le prince Max à Paris.
5474 — L'amour diplomate.
2285 BEAUNIER (André). Les Dupont Leterrier.
2940 — Picrate et Siméon.
3919 BEAUREPAIRE (L. DE). Jérôme le trompette.
1062 BEAUVOIR (Roger DE). Le cabaret des morts.
2646 — Histoires cavalières.
3497 — L'écolier de Cluny.
4565 — Le pauvre diable.
5475 — Le moulin d'Heilly.
5476 — Confidences de Mlle Mars.
2511 BEECHER-STOWE (Mme). La fiancée du ministre.
*3932 — La case de l'oncle Tom.
588 BELL (Georges). La croix d'honneur.
5477 — Scènes de la vie de château.
2133 BELLAMY (Edouard). En l'an 2.000.
5410 BELOT (Adolphe). Hélène et Mathilde.
5192 BELOT (Adolphe). Une joueuse.
3843 — Deux femmes.
1378 — La tête du ponte.
1467 — Cinq cents femmes pour un homme.
1509 — Les fugitives de Vienne.
6375 — La femme de feu.
5478 BÉNÉDICT. La madone de Guido Reni.
1664 BENJAMIN (Ernest). L'impure.
6156 BENJAMIN (René). Gaspard.
6142 — Le Palais.
5479 BENOIT (Emile). Ariette.
6148 BENOIT (Pierre). L'Atlantide.
6194 — —
6195 — —
6157 — Kœnigsmark.
6205 — —
6161 — Pour don Carlos.
6301 — Le lac salé.
1225 BENTZON (Th.). Le mariage de Jacques.
6325 — —
2290 — Miss Jane.
3707 — Malentendus.
5019 — Le château de Bois-Vipère.
5143 — Pierre Casse-cou.

5193 Bentzon (Th.), Contes de tous les pays.
5480 — Une vie manquée.
5938 — Tchelovek.
5481 Bérend (M.). La quarantaine.
6315 Berger (M.). Les dieux tremblent.
1439 Bergerat (Emile). Le Faublas malgré lui.
2174 — Le chèque.
5247 — Les soirées de Calibangrève.
8050 — Le cruel Vatenguerre.
17 Bernard (Charles de). Les ailes d'Icare.
940 — —
230 — Le gentilhomme campagnard. 2 *vol.*
2309 — — 2 *vol.*
4144 — — 2 *vol.*
593 — Un beau-père. 2 *vol.*
594 — L'écueil.
597 — Gerfaut.
598 — Le nœud gordien.
766 — Un homme sérieux.
767 — Le paravent.
1983 — —
768 — Le paratonnerre.
769 — La peau du lion.
951 Bernard (Tristan). Un mari pacifique.
4977 — Sur les grands chemins.
5411 — Secrets d'état.
8008 — L'affaire Larcier.
8038 — Mémoire d'un jeune homme rangé.
2337 Bernad-Derosne (Ch.). Dans tous les pays.
6389 Bernard et Weber. Vous m'en direz tant!
6381 Bernier (Jean). La Persée.
1264 Berr de Turique (Julien). Les demoiselles.
4789 — Le mot de l'énigme.
5435 — —
5482 Bersezio (Victorio). Les anges de la terre.
5483 — Nouvelles piémontaises.
1953 Bertheroy (Jean). Lucie Guérin, marquise de Ponts.
2904 — —
2807 — Sur la pente.
2899 — Le mirage.
4813 — Le Journal de Marguerite Plantin.
5484 — Les deux puissances.
8009 — Les dieux familiers.
8100 — —
1850 — La danseuse de Pompeï.
97 Berthet (Elie). La bastide rouge.
221 — Le crime de Pierrefitte.
6221 — —
222 — Le garde champêtre.
223 — Une maison de Paris.
224 — Le pacte de famine.
5485 — Les cagnards de l'Hôtel-Dieu de Paris.
226 — Tête à l'envers.
444 — Le dernier Irlandais.
657 — Le charlatan.

4774 Berthet (Elie). Le charlatan.
759 — La falaise Sainte-Honorine.
1072 — L'oiseau du désert.
1078 — Odilia.
1410 — Le mûrier blanc.
1431 — Sœur Julie.
1445 — Le séquestré.
1468 — L'enfant des bois.
1984 — Tout est bien qui finit bien.
2755 — La double vue.
2756 — Les houilleurs de Polignies.
4617 — —
3047 — Les crimes inconnus.
3403 — Le fauconnier.
3404 — Richard-le-fauconnier.
3903 — La sœur du curé.
4042 — Le roi des ménétriers.
4443 — Le gentilhomme verrier.
4444 — L'étang de Précigny.
4884 — Le secret du diamant.
4910 — Le démon de la chasse.
4911 — Le garde-chasse.
5020 — La directrice des postes.
5486 — Le val d'Andorre.
6015 — Maître Bernard.
5249 Bertoud. Fantaisies scientifiques de Sam. 3e *série*.
5488 — — 2e *série*.
5650 Bertie-Mariott. Parisiens et parisiennes.
3973 Bertnay (Paul). Jusqu'aux étoiles.
2291 Bertrand (Louis). Le sang des races.
654 — L'Infante.
6207 — L'Infante.
6551 Bertrand (Adrien). L'appel du sol.
1524 Besancenet (A. de). Un amour de grande dame.
5487 Besançon (Jules). Les crustacés.
896 Besneray (Marie de). Nadine.
2292 — Les mirages du bonheur.
901 Bezançon (Henriette). Bas-bleu.
694 Biart (Lucien). Le fleuve d'or.
4619 — —
2293 — Les clientes du docteur Bernagius.
2294 — L'eau dormante.
3388 — Bénito Vasquez.
3389 — —
3554 — Entre deux océans.
3708 — Quand j'étais petit.
3920 — Le secret de José.
4618 — Antonia Bézarez.
4814 — La frontière indienne.
4852 — Monsieur Pinson.
5194 — Le bizco.
5195 — Terre chaude.
2295 Bikélas (D.). Louki Laras.
4279 Binger (L. G.). Le serment de l'explorateur.
5489 Bisot (du). Veillées amusantes.

2233 Bisson (André). Le contrôleur des vagons-lits.
885 Blache (Noël). Melcy.
1046 — Césarin Audoly.
5490 Black (William). Anna Beresford.
2296 Blanc (Martial). Les prisonniers de Bou-Amâma.
3484 Blanchère (A. de la). Le club des toqués.
3709 Blanchon (Alphonse). La ferme des pierrots.
2297 Blandy (S.). Revanche de femme.
5492 — Les indiscrétions du prince Svanine.
5493 — Trois contes de Noël.
5494 Blanquet (Albert). Le marquis de Brunoy.
3416 Blasco-Ibanez (V.). Arènes sanglantes.
3817 — Dans l'ombre de la cathédrale.
3822 — Fleurs de mai.
3829 — Terres maudites.
5165 — L'intrus.
2400 Boccace. Contes.
5973 Bodève (Simone). Celles qui travaillent.
3509 Bodin (Camille). Le marquis Roger.
6138 Bois (Jules). L'éternel retour.
115 Boisgobey (F. du). L'affaire Matapan. 2 *vol.*
303 — La revanche de Fernande.
408 — La voilette bleue.
3773 — Une affaire mystérieuse.
4189 — —
4265 — Le pignon maudit. 2 *vol.*
648 — Babiole. 2 *vol.*
649 — Le collier d'acier.
4333 — Le secret de Berthe. 2 *vol.*
772 — Bouche cousue. 2 *vol.*
1343 — Les suites d'un duel.
4622 — —
1830 — Le bac.
1832 — Décapitée.
1864 — La vieillesse de M. Lecoq. 2 *vol.*
2172 — La main froide.
3048 — Les cachettes de Marie-Rose. 2 *vol.*
3049 — La main coupée. 2 *vol.*
4445 — Le chêne-capitaine.
4523 — Le plongeur.
4524 — Marie Bas-de laine.
4621 — L'as de cœur. 2 *vol.*
5195 — — 2 *vol.*
4838 — Jean Coupe-en deux.
5021 — Mérindol.
5022 — Le billet rouge.
5197 — La peau d un autre. 2 *vol.*
4446 Boissière (E. de). L'héritage de Kernigou.
4866 Boissière (Jules). Fumeurs d'opium.
2299 Bonnamour (George). Représailles.
297 Bonnefon (J. de). Les belles œuvres... et les autres.
3394 — Lourdes et ses tenanciers.
3522 Bonnefont (Gaston). Nouvelles.
5495 Bonnefoy (Marc). Le culte de la patrie.
757 Bonnemère (E.). Le roman de l'avenir.

1231 BONNETAIN (Paul). Au large.
1325 — —
1645 — Le nommé Perreux.
1359 BONNIÈRES (Robert DE). Le petit Margemont.
1381 — Jeanne Avril.
5496 — Lord Hyland.
2906 BOOTHBY (Guy). Pharos l'égyptien.
10 BORDEAUX (Henry). Le carnet d'un stagiaire.
16 — Les yeux qui s'ouvrent.
4030 — —
6198 — —
33 — L'écran brisé.
*1362 — La petite Mademoiselle.
*6588 — —
2905 — Le lac noir.
3169 — La peur de vivre.
5089 — —
5093 — —
3187 — Les Roquevillard.
5068 — —
5348 — —
5090 — Le pays natal.
5173 — —
5939 — —
4978 — La neige sur les pas.
6331 — —
6392 — —
8040 — —
5069 — La robe de laine.
5144 — —
6196 — —
6297 — —
6391 — —
1962 — La résurrection de la chair.
6255 — —
8077 — —
4160 — Les pierres du foyer.
4165 — La jeunesse nouvelle.
6390 — —
2106 — La nouvelle croisade des enfants.
5174 — L'amour en fuite.
6242 — —
6564 — —
5991 — La maison.
6197 — —
6243 — Ménages d'après guerre.
6256 — La chair et l'esprit.
6302 — —
5977 BORDEN (Ch. DE). Jean Pec.
4447 BORNIER (H. DE). Le jeu des vertus.
3844 BORYS (G.). Les paresseux de Paris. 2 *vol.*
2810 BOTZARÈS. Théodora.
2300 BOUBÉE (Simon). Mongroléon 1er.
5497 BOULABERT (Jules). Saint-Eve et Cie.
5498 — Les amants de la baronne. 2 *vol.*

5499 BOULABERT (Jules) Les catacombes sous la terreur. 2 *vol.*
5500 — Riche à tout prix.
4186 BOURGES (Elémir). Les oiseaux s'envolent et les fleurs tombent.
89 BOURGET (Paul). L'étape.
2002 — —
435 — Cruelle énigme.
6098 — —
104 — Le disciple.
441 — —
1081 — André Cornelis.
1203 — —
5157 — —
1540 — Voyageuses.
2303 — —
4885 — Un crime d'amour.
6305 — —
2132 — Anomalies.
1908 — Complications sentimentales.
4815 — —
1926 — Cosmopolis.
1945 — Drames de famille.
*5070 — Monique.
2085 — Recommencements.
2171 — Un homme d'affaires.
4913 — —
2301 — Une idylle tragique.
6097 — —
2302 — Mensonges.
5071 — —
5931 — —
2304 — Un cœur de femme.
4979 — —
5072 — —
6289 — —
3242 — L'eau profonde.
4912 — La terre promise.
5458 — —
1814 — Un divorce.
2481 — —
4914 — —
5349 — —
5412 — —
2941 — Un saint.
6096 — —
2984 — Physiologie de l'amour moderne.
3050 — Pastels.
3167 — Les deux sœurs.
3246 — —
4886 — —
*6142 — Laurence Albani.
6252 — Un drame dans le monde.
3467 — Cruelle énigme. André Cornelis.
3507 — Le fantôme.

4071 **Bourget** (Paul). L'émigré.
4112 — L'irréparable.
5073 — —
4113 — La duchesse bleue.
5074 — —
4401 — La dame qui a perdu son peintre.
6099 — —
4559 — Les détours du cœur.
4868 — L'envers du décor.
6118 — Le démon de midi 2 *vol.*
8074 — —
6199 — — 2 *vol.*
6309 — L'écuyère.
6393 — Le Justicier.
6565 — Lazarine.
6366 — Némésis.
390 **Boussenard** (Louis). Le tour du monde d'un gamin de Paris. 2 *vol.*
4148 — — 2 *vol.*
393 — A travers l'Océanie.
394 — — 3 *vol.*
395 — — 3 *vol.*
525 — De Paris au Brésil par terre.
4174 — —
8021 — —
526 — Aventures d'un héritier. *(Suite).*
527 — 2.0000 lieues à travers l'Amérique. *(Fin).*
571 — —
845 — Aventures au pays des diamants.
5501 — —
8019 — —
846 — Le trésor des droits Cafres. *(Suite).*
4180 — Les drames de l'Afrique australe. *(Fin).*
4179 — Au pays des lions. 3 *vol.*
1648 — Le tigre blanc.
1649 — Le secret de l'or. *(Suite).*
5290 — — —
1650 — Les mystères de la forêt vierge. *(Fin).*
8020 — Les secrets de M. Synthèse.
1918 — Aventures de Mlle Friquette.
4363 — —
3182 — Aventures au Transvaal. 2 *vol.*
4181 — L'enfer de glace.
8022 — Les chasseurs de caoutchouc.
4915 **Boussenard** et **Malin**. Orphelin.
448 **Boutique** (Alexis). Un fils de quatre-vingt-neuf.
3506 — —
2305 — Mal mariée.
470 **Bouvier** (Alexis). Les soldats du désespoir.
708 — —
5198 — Le domino rose.
1848 — Amour, misère Cie.
2306 — Le club des coquins.
4183 — La grande Commune.
5199 — Les pauvres.

3774 BOUYER (Frédéric). L'amour d'un monstre.
5094 BOUYER-KARR (V.). Fruit sauvage.
5502 BOYER D'AGEN. Terre de Lourdes.
898 BOYER (Dr Pierre). Souvenirs d'une Doctoresse.
5503 BOYLESVE (René). Le médecin des dames de Néans.
5504 — Le parfum des îles Borromées.
6370 — —
4324 — Le bonheur à cinq sous.
4337 — Mon amour.
6104 — La marchande de petits pains pour les canards.
6368 — Le dangereux jeune homme.
6369 — Mademoiselle Cloque.
6452 — L'enfant à la balustrade.
6455 — Le meilleur ami.
5393 BRADA. Joug d'amour.
5505 — Leurs excellences.
5506 — Lettres d'une amoureuse.
5200 BRADDON (Miss E.). L'amour et l'argent.
1482 — Le capitaine du Vautour.
2592 — Lady Lisle.
2951 — La trace du serpent. 2 *vol.*
*4566 — L'intendant Raph.
4887 — Les oiseaux de proie. 2 *vol.*
4901 — L'héritage de Charlotte. *(Suite)*. 2 *vol.*
4916 — Les Belfield 2 *vol.*
5507 — La chanteuse des rues. 2 *vol.*
6431 BRAHM STOKER. Dracula.
5508 BRAVARD (Raoul). La revanche de Georges Dandin.
5159 BREBNER (P. J.). La princesse Maritza.
11 BREHAT (Alf. DE) Les amoureux de vingt ans.
718 — Les chauffeurs indiens.
4848 BRÉHAT (Alf. DE). Les chasseurs de tigres.
857 — Un drame à Calcutta.
1082 — Bras d'acier.
2032 — Deux amis.
2307 — Les vacances d'un professeur.
5509 — L'amour au Nouveau-Monde.
5510 — Le château de Villebon.
5111 — Scènes de la vie contemporaine.
5112 — René de Gavery.
5113 — Petits romans.
5515 — Un drame à Trouville.
5516 — La vengeance d'un mulâtre.
5517 — Histoire d'amour.
6239 — Les chemins de la vie.
5394 BRÉMER (Mlle F.). Les voisins.
115 BRÈTE (Jean DE LA). Un mirage.
2811 — Un réveil.
4736 — Un vaincu.
5160 — —
* 741 — L'aile blessée.
*6087 — —
5518 BRETONNIÈRE (Jean DE LA). Zozo.
1352 BRIÈRE (Léon DE LA). Le chemin no 107.
874 BRIFFAULT (Eug.). Le secret de Rome au XIXe siècle.

4258 BRIFFAULT (Eug.). Le secret de Rome au XIXe siècle.
5519 BRILL (Paul). Les petits pieds d'une aristocrate.
492 BRINGER (Rodolphe). Les gaietés conjugales.
3166 — —
497 — La conquête d'un trône.
2907 — —
504 — Un cadet de Gascogne.
507 — Les exploits de Capestoc.
874 — L'infortuné Plumard.
5995 — Le n° 30, série 10.
2006 BRISSON (Adolphe). Florise Bonheur.
5520 — —
2347 — Les prophètes.
5121 BROT (Aphonse). Jane Grey.
6345 — —
3818 BROUGHTON (Miss Rhoda). Adieu, les amoureux !
5127 — De Charybde en Scylla.
5201 — Joanna.
4281 BROWN (A.). Les faiseurs de pluie.
500 BRULAT (Paul). Le nouveau Candide.
1531 — L'aventure de Cabassou.
2670 — La gangue.
4448 — La faiseuse de gloire.
5522 — L'âme errante.
8064 BRUNEAU (général). Récits de guerre.
8093 — Souvenirs d'Algérie.
5523 BRUNO (Camille). En désordre.
2644 BRUNO (Jean). Brisefer l'insurgé.
5524 BRUYELLE (Jules). Mar'Zeph la blonde.
1143 BUET (Ch.). Le capitaine Gueule d'acier.
3534 — Contes moqueurs.
4449 BUFFENOIR (H.). Les drames de la place de Grève.
5914 — Le député Ronquerolle.
1640 BULWER-LYTTON (Edw.). Devereux.
1644 — Mon roman. 2 *vol.*
2502 — Ernest Maltravers.
2503 — Alice ou les mystères.
*2588 — Les derniers jours de Pompéï.
*5413 — —
3819 — Le jour et la nuit. 2 *vol.*
3820 — La famille Caxton. 2 *vol.*
3821 — Zanoni.
4917 — Paul Clifford. 2 *vol.*
5525 — Eugène Aram. 2 *vol.*
5737 — Glenaveril.
327 BURANI (Paul). Le 21e arrondissement.
2251 — Le cabinet Piperlin.
5526 BURNEY (Miss). Evelina.
2650 BURRFORD-DELAUNOY. L'appartement du mort.
3793 BUSNACH et CHABRILLAT. La fille de M. Lecoq.
4758 BUSNACH (William). Vain sacrifice.
2485 BUXY. Une jeune belle-mère.
4624 BYL (Arthur). Champignol malgré lui.
4625 — Champignol divorcé.
1138 CADOL (Edouard). Les inutiles.

4335 Cadol (Edouard). Les inutiles.
1285 — Lucette.
1287 — Mariage de princesse.
1288 — Hortense Maillot.
1584 — La vie en l'air.
1601 — Marguerite Chauveley.
2152 — Berthe Sigelin.
2156 — La bête noire.
2170 — La grande vie.
2185 — La prima donna.
2187 — La princesse Aldée.
2760 — Rose.
2812 — Le cher maître.
5023 — Son Altesse.
5857 — Son excellente Satinette.
1677 Cahu (Théodore). La rançon de l'honneur.
2079 — Le sénateur Ignace.
3544 — Perdus dans l'espace.
5527 — La ronde des amours.
899 — La montée des races.
510 Cahu et Forest. L'oubli ?
2908 — —
2909 — Vers la paix.
6045 — —
675 Calmette (Fernand). Simplette.
4114 Cambry (Adrienne). Rêve de printemps.
4918 — —
4115 — Trio d'amour.
4116 — On en meurt.
4117 — Mésalliance.
2311 Camp (Maxime du) Les six aventures.
2913 — Mémoires d'un suicidé.
4074 — —
3591 — Les buveurs de cendres.
1245 Canivet (Charles). La ferme des Gohel.
1617 — Jean Dagoury.
2312 Capefigue. Les héroïnes de la Ligue.
859 Capendu (Ernest). Les colonnes d'Hercule.
4223 — —
4919 — —
1084 — Le comte de Saint-Germain.
5202 — —
3571 — Les grottes d'Etretat.
1091 — Le chat du bord.
1093 — —
2043 — —
2217 — —
1092 — Blancs et bleus. *(Suite)*.
1094 — —
1095 — La Mary-Morgan. *(Suite)*.
713 — —
2044 — —
1096 — Le vœu de haine. *(Fin)*.
775 — —
2315 — Le pré Catelan.

4920 CAPENDU (Maxime DU). Les colonnes d'Hercule.
2218 — L'hôtel de Niorres. 4 *vol.*
91 — Le tambour de la 32e (*Suite*). 3 *vol.*
92 — Bibi Tapin. (*Fin*). 4 *vol.*
2314 — Le chasseur de panthères.
4582 — Les mystificateurs.
4994 — —
4775 — Le marquis de Loc-Ronan.
6109 — Le joug de l'aigle.
596 CAPUS (Alfred). Monsieur veut rire.
1861 — Années d'aventures.
2176 — Qui perd gagne.
5528 — Faux départ.
4727 — Robinson.
8037 — —
8099 — —
1196 CARAGUEL (C.). Aventures d'un volontaire garibaldien.
5529 CARAGUEL (Joseph). Le boul' Mich'.
3710 CARO (Mme E.). Pas à pas.
5395 — Idylle nuptiale.
2317 CAROL (Jean). Réparation.
2813 — Le bagne.
611 CAROU. Les trompeurs trompés.
2316 CARNÉ (Louis DE). Un drame sous la Terreur.
2167 CARRANCE. Aventures du Dr van der Bader.
4090 CARRÈRE (Jean). En pleine épopée.
890 CARREY (Emile). Les révoltés du Para.
1928 CASE (Jules). L'étranger.
2767 — Une bourgeoise.
2814 — Les sept visages.
4921 — Bonnet rouge.
5531 CASSAGNAC (DE). La reine des prairies.
2338 CASSE (A. DU). Quatorze de dames.
5532 CASTELLANA-ACQUAVIVA. Le mariage de lady Constance.
5533 CASTILLE (Hippolyte). Histoires de ménage.
3502 CASTON (Alfred DE). Les marchands de miracles.
3505 CATERS (Louis DE). Passionnette.
6209 — —
2318 CATHÉRINEAU (J.). Le Paramaribo.
299 CATTELAIN (P.). Mémoires du chef de la sûreté.
5534 CAUVAIN (Henry). Madame Gobert.
1740 CAVAIGNAC (Godefroy). Romans militaires.
2319 CAZE (Robert). Les bas de Monseigneur.
1 CAZOTTE. Le diable amoureux.
5535 CÉLIÈRES (P.). Le chef-d'œuvre de papa Schmeltz.
5536 — Les héroïnes du devoir.
6339 CERVIÈRES (P.). Plus fort que tout.
5537 CHABOT (Adrien). La Chambaudière.
5538 CHABRILLAN (Cesse DE). Un amour terrible.
5539 — Une méchante femme.
5540 — Emigrantes et déportées.
128 CHABRILLAT (Henri). Friquet.
4601 — La filliotte.
6553 CHADOURNE (L.). Terre de Chanaan.
2149 CHAMBE (Emile). Droit au pôle sud. 2 *vol.*

4282 Chambe (Emile). Au faîte de la terre.
127 Champfleury. Les amoureux de Sainte-Périne.
482 — La succession Le Camus.
799 — Fanny Minoret.
2647 — —
917 — Les bourgeois de Molinchart.
1117 — Les aventures de Mlle Mariette.
1267 — Les excentriques.
2321 — —
1418 — Les souffrances du professeur Deltheil.
1744 — Chien-Caillou.
2322 — Les chats.
2323 — La Pasquette.
5541 — Les premiers beaux jours.
5542 — Madame Eugénio.
5543 — Les sensations de Josquin.
2911 Champol. Les justes.
4738 — Sœur Alexandrine.
1654 Champsaur (Félicien). Masques modernes.
864 Chandeneux (Claire de). Secondes noces.
5326 — —
1273 — Souvenir de Bérénice.
4776 — Un roman dans une cave.
4777 — Les terreurs de lady Suzanne.
4778 — Val-Régis la grande.
4922 — Le lieutenant de Rancy.
3520 — La dot réglementaire.
6458 — La vengeance de Geneviève.
6459 — Un cœur de soldat.
6460 — L'honneur des Champvayre.
2325 Chandplaix (Marc de). Pour un mari !
5544 — Dans la houle.
2147 Chantepleure (Guy). Ames féminines.
6332 — —
2915 — L'aventure d'Huguette.
6244 — —
5257 — Ma conscience en robe rose.
6590 — —
4271 — La belle histoire de Fridoline, ou la belle.
4338 — Les ruines en fleurs.
*5258 — Sphinx blanc.
*6200 — —
*6338 — —
6107 — Le hasard et l'amour.
6185 — —
6589 — Malencontre.
*6130 — Fiancée d'avril.
*6201 — —
6432 — La ville assiégée.
1227 Chantepie (Mlle de). Mémoires d'une provinciale. 2 *vol.*
2327 Chardall. Le capitaine Dix.
6378 Chardonne (J.). L'Epithalame. 2 *vol.*
2648 Charguéraud (A.). Les bâtards célèbres.
1950 Charpentier (Armand). La petite bohême.
4091 — La beauté du devoir.

1208 CHASLES (Phil.). Souvenirs d'un médecin. 3 *vol.*
5713 CHATEAUBRIAND (A. DE). Monsieur des Lourdines.
2521 — Les Natchez.
5545 CHATILLON et ENAULT. Frantz Muller.
1487 CHAUVIGNÉ (Auguste). Le bonheur de mourir.
623 CHAVETTE (Eugène). La chambre du crime.
1952 — —
1305 — Lilie, Tutue, Bébeth.
3391 — —
1423 — L'héritage d'un pique-assiette. 3 *vol.*
1965 — Aimée de son concierge.
3212 — —
4982 — La conquête d'une cuisinière. 2 *vol.*
2086 — Le saucisson à pattes. 2 *vol.*
4980 — Réveillez Sophie. 2 *vol.*
2155 — Le rémouleur. 2 *vol.*
2178 — Les petites comédies du vice.
3397 — —
2329 — Les petits drames de la vertu.
2815 — Les bêtises vraies.
3227 — La belle Aliette.
1412 — Le procès Pictompin.
4019 — —
4451 — La recherche d'un pourquoi.
4799 CHENEVIÈRE (Adolphe). Double faute.
4880 — Le roman d'un inquiet.
5396 — Honneur de femme.
6259 — Pour elles.
1678 CHENNEVIÈRES (H. DE). Un mari à l'essai.
3545 CHÉRAU (Gaston). Champi-Tortu.
4797 — La prison de verre.
106 CHERBULIEZ (Victor). Olivier Maugant.
3280 — —
154 — Une gageure.
2219 — —
6465 — —
176 — L'idée de Jean Téterol.
980 — —
217 — L'aventure de Ladislas Bolski.
872 — —
6346 — —
325 — La vocation du comte Ghislain.
468 — Le grand œuvre.
4325 — —
515 — Le comte Kostia.
530 — La revanche de Joseph Noirel.
818 — —
539 — Après fortune faite.
3742 — —
6462 — —
540 — Paule Méré.
817 — —
551 — Le secret du précepteur.
2722 — —
552 — La ferme du Choquard.
873 — —

556 CHERBULIEZ (Victor). Méta Holdenis.
679 — —
560 — Le roman d'une honnête femme.
651 — —
3508 — —
4245 — —
6591 — —
678 — Le fiancé de Mlle Saint-Maur.
6464 — —
761 — Miss Revel.
6340 — —
875 — Prosper Randoce.
978 — Samuel Brohl et Cie.
6461 — —
979 — Noirs et rouges.
987 — Amours fragiles.
1891 — Jacquine Vanesse.
6463 — —
5546 CHÉRON (Albert). Pierre Daout.
1190 CHERVILLE (DE). Contes de chasse et de pêche.
1191 — La chasse aux souvenirs.
2330 — La piaffeuse.
2649 CHESNAU (Ernest). La chimère.
314 CHEVALIER (Emile). La Huronne.
315 — Les Nez-percés.
5547 — —
316 — Les pieds noirs.
317 — Poignets d'acier.
440 — Les requins de l'Atlantique.
720 — L'île de sable.
721 — La capitaine.
722 — Le gibet.
912 — Les derniers Iroquois.
4252 — —
699 — L'espion noir.
2331 — La tête-plate.
6466 — Le pirate du Saint-Laurent.
4085 CHEVEREAU (Ernest). Une vocation d'artiste.
2025 CHINCHOLLE (Charles). Le procès de la marquise.
2816 CHONSKI (Myriem DE). Nitchevo!
578 CIM (Albert). Jeunes amours.
2081 — Les amours d'un provincial.
4132 — Bureaux et bureaucrates.
4856 — Farceurs.
1406 CLADEL (Léon). Ompdrailles-Kerkadec.
1407 — Crête rouge.
1452 — Les va-nu-pieds.
4326 — —
2332 — L'homme de la Croix-aux-bœufs.
5548 — Kerkadec, garde barrière.
5549 — N'a qu'un œil.
129 CLARETIE (Jules). Jean Mornas.
4121 — —
4122 — —
429 — Les muscadins. 2 vol.

430 Claretie (Jules). Le beau Solignac. 2 *vol.*
4257 — — 2 *vol.*
511 — Le train 17.
6467 — —
663 — La débâcle.
707 — Le petit Jacques.
714 — —
743 — Le million.
4453 — —
794 — Madeleine Bertin.
1018 — Le prince Zilah.
1637 — —
3485 — —
5336 — —
1086 — Histoires cousues de fil blanc.
1088 — Les ornières de la vie.
1097 — Un assassin.
1108 — Le sang français.
6433 — —
1204 — Candidat.
4881 — —
1262 — Une femme de proie.
1376 — Michel Berthier.
1742 — La vie moderne au théâtre. 2 *vol.*
1756 — Les amours d'un interne.
6184 — —
6592 — —
1819 — Brichanteau comédien.
6468 — —
5553 — Brichanteau célèbre.
1852 — L'accusateur.
5550 — —
3794 — —
1886 — L'américaine.
6469 — —
3882 — Noris.
4375 — —
6260 — —
6470 — —
3192 — Le troisième dessous.
3922 — Voyages d'un Parisien.
4452 — La maîtresse.
5941 — —
5265 — Pierrille.
5551 — —
4974 — Monsieur le Ministre.
6110 — —
5552 — Mademoiselle Cachemire.
6351 — —
5932 — L'obsession.
6111 — La cigarette.
5414 Claretie (Léo). Les héros de la Yellowstone.
2 Claude. Mémoires d'un chef de la sûreté. 10 *vol.*
1441 Claudin (Gustave). Les caprices de Diomède.
2333 Clézio (Pierre). Le roman de Claude Lenayl.

1045 COËTLOGON (E. DE). Mariages riches.
1401 COLLAS (Louis). Tout ou rien.
1474 — Jean Bresson.
2153 COLLINS (Wilkie). Mademoiselle ou Madame ?
*4723 — La morte vivante.
2664 — La pierre de lune. 2 *vol.*
5095 — — 2 *vol.*
*2677 — C'était écrit !
*2688 — La piste du crime. 2 *vol.*
3823 — Le secret.
4923 — Cache-cache. 2 *vol.*
4033 COLOMBEY (Emile). Les antichambres de Paris.
1523 COLOMBIER (Marie). Voyages de Sarah Bernardt.
2090 — Le pistolet de la petite baronne.
2091 — Les trois princesses.
907 — La princesse Brutus.
2093 — Courte et bonne.
2952 — Le carnet d'une parisienne.
5096 COMBE (T.). Enfant de Commune.
3986 CONAN-DOYLE. Les exploits du colonel Gérard.
2763 — Un crime étrange.
4924 — —
3170 — Aventures de Sherlock Holmes.
4427 — —
3171 — Nouvelles aventures de Sherlock Holmes.
4428 — —
3172 — Souvenirs de Sherlock Holmes.
4429 — —
3173 — Nouveaux exploits de Sherlock Holmes.
4430 — —
5128 — —
3174 — La résurrection de Sherlock Holmes.
4431 — —
3188 — Sherlock Holmes triomphe.
4432 — —
3343 — La marque des quatre.
6323 — —
3375 — Mémoires d'un médecin.
3376 — Un drame sous Napoléon Ier.
3962 — Le crime du brigadier.
5266 — —
3985 — Le chien de Baskerville.
4006 — Le drapeau vert.
4984 — —
4254 — Le drame du « Korosko ».
4361 — Le mystère de Colomber.
4424 — Les refugiés.
4435 — Le million de l'héritière.
4549 — Mystères et aventures.
4560 — Le parasite.
5554 — —
4869 — Un duo.
4790 — Derniers mystères et aventures.
4808 — Nouveaux mystères et aventures.
5086 — Les recrues de Monmouth.

5087 CONAN-DOYLE. Le capitaine Micah Clarke. (*Suite*).
5088 — La bataille de Sedgemoor. (*Fin*).
5933 — La grande ombre.
8 CONSCIENCE (Henri). Le démon de l'argent.
340 — Souvenirs de jeunesse.
477 — Une affaire embrouillée.
531 — Le conscrit.
793 — Le gentilhomme pauvre.
4220 — L'orpheline.
865 — Les heures du soir.
1109 — Le démon du jeu.
2335 — Le mal du siècle.
2336 — Batavia
3406 — Le tribun de Gand. 2 *vol.*
4569 — Le fléau du village.
5555 — L'année des merveilles.
5557 — Aurélien. 2 *vol.*
5558 — La mère Job.
5559 — Le coureur des grèves.
5560 — La sorcière flamande.
5561 — La fiancée du maître d'école. (*Suite*).
5562 — Histoire de deux enfants d'ouvriers.
5563 — Les veillées flamandes.
5564 — Le jeune docteur.
5565 — Le lion de Flandre. 2 *vol.*
5566 — La guerre des paysans.
5567 — Maître Valentin.
5568 — Le martyre d'une mère.
5556 — La voleuse d'enfant (*Suite*).
5569 — Le diable du bois aux serpents.
621 CONSCIENCE (Marie). Un million comptant.
1105 CONSTANT (Benjamin). Adolphe.
5204 CONTI (Henri). Ivan Bobroff.
3824 COOPER (Fenimore). La prairie.
3825 — Le dernier des Mohicans.
3826 — L'espion.
3827 — Les pionniers.
3828 — Le lac Ontario.
2953 — Œil-de-Faucon.
1790 COPPÉE (François). Le coupable.
5351 — Henriette.
4541 — Toute une jeunesse.
8001 — —
4718 — Contes en prose.
2179 COQUELIN (cadet). Le rire.
286 CORDAY (Michel). Des histoires.
2177 — Mon petit mari, ma petite femme.
2721 — Vénus.
3055 — Les demi-fous.
3195 — Les frères Jolidan.
3972 — —
3407 — Notre masque.
3408 — Sésame.
3552 — Intérieurs d'officiers.
2134 — Les feux du Couchant.

4456 Corday (Michel). Les révélées.
4600 — Mariés jeunes.
5570 — Cœurs de soldats.
6208 — Les mains propres.
6251 — La mémoire du cœur.
8096 — Un remous.
1008 Corne (Hyacinthe). Souvenirs d'un proscrit.
2040 Corthis (André). Sa vraie femme.
6147 — Pour moi seule.
6316 — —
5571 Coulangheon (J.-A.). Les jeux de la Préfecture.
3056 Coulevain (Pierre de). Sur la branche.
4416 — —
4439 — —
6182 — —
6250 — —
3057 — Ève victorieuse.
4415 — —
4871 — —
6568 — —
3160 — Noblesse américaine.
4417 — —
6434 — —
2258 — L'Ile inconnue.
3377 — —
6435 — —
4561 — Au cœur de la vie.
4561 — —
4981 — —
4983 — —
4351 — Le roman merveilleux.
6036 — —
6314 — —
1217 Coupey (Augusta). L'orpheline du 41e.
5573 — Imato.
5572 Couperus (L.). Paix universelle.
263 Courteline (Georges). L'ami des lois.
306 — Femmes d'amis.
1626 — Un client sérieux.
1941 — Les ronds-de-cuir.
2221 — Les gaîtés de l'escadron.
2267 — Coco, Coco et Toto.
4925 — Boubouroche.
5206 — Lidoire et Potiron.
6554 — Le train de 8 h. 47.
3468 Couvreur (André). La source fatale.
6001 — Une invasion de macrobes.
811 Craik (Mme). Deux mariages.
3161 Creissel (Eugène). Un heureux sauvetage.
5574 Cruppi (Louise). Avant l'heure.
6121 Cyril-Berger. Les têtes baissées.
*2680 Cummins (Miss). L'allumeur de réverbères.
*2681 — Mabel Vaughan.
*3933 — La rose du Liban.
*3717 Currer-Bell. Jane Eyre. 2 *vol.*

5575	Dairbaux (Max).	Timon et Zozo.
3749	Dall (Guillaume).	Christine-Myriane.
1356	Dalsème (A.-J.).	Le baillon.
3058	Danrit (capitaine).	La guerre en ballon. 2 *vol.*
5942	—	La guerre de forteresse. 2 *vol.*
5978	—	Les robinsons de l'air.
6128	—	Journal de guerre du lieutenant von Piefke. 2 *vol.*
6129	—	Robinsons sous-marins.
6133	—	La guerre souterraine.
5576	Dantragues (G.).	Histoires d'amour et d'argent.
351	Dartès (Emile).	Contes en omnibus.
2339	Daryl (Philippe).	En yacht.
1804	Dash (comtesse).	La chambre bleue.
2340	—	Les folies du cœur.
2341	—	Les lions de Paris.
2342	—	Le souper des fantômes.
2912	—	Les héritiers d'un prince.
3312	—	Le Parc-aux-Cerfs.
3313	—	La Régence.
3314	—	Jeunesse de Louis XV.
3316	—	La marquise de Parabère. 2 *vol.*
3575	—	Mademoiselle de la Tour du Pin.
3585	—	Le château de la Roche sanglante.
5577	—	Les degrés de l'échelle.
5051	—	Comment on fait son chemin dans le monde.
5397	—	Les aventures d'une jeune mariée.
6352	—	La fin d'un Don Juan.
2343	Datin (Henri).	Le pilori.
5011	—	Un mariage d'inclination.
5207	—	L'enfant abandonné.
*3197	Daudet (Alphonse).	Tartarin de Tarascon.
*3486	—	—
*4222	—	—
*438	—	Tartarin sur les Alpes.
3283	—	—
*4007	—	—
*6471	—	—
*1277	—	Port-Tarascon. (*Fin*)
*3953	—	—
602	—	Les rois en exil.
2522	—	—
3410	—	—
4985	—	—
609	—	Fromont jeune et Risler aîné.
3487	—	—
4248	—	—
4249	—	—
5248	—	—
645	—	Jack.
841	—	—
6261	—	— 2 *vol.*
6472	—	— 2 *vol.*
646	—	Numa Roumestan.
2637	—	—

3409 DAUDET (Alphonse). Numa Roumestan.
6333 — —
6436 — —
*647 — Contes du Lundi.
*2049 — —
*3268 — —
559 — Le Nabab.
3252 — —
4451 — —
5337 — —
6437 — —
*4521 — Le petit Chose.
*5267 — —
867 — L'Evangéliste.
3241 — —
3526 — —
*953 — Lettres de mon moulin.
*1651 — —
*5001 — —
579 — Rose et Ninette.
926 — —
1417 — —
1243 — La Belle-Nivernaise.
2493 — La petite paroisse.
4402 — —
1428 — La Fédor.
1814 — —
4298 — —
1892 — Soutien de famille.
3469 — —
1961 — Premier voyage, premier mensonge.
2954 — Trente ans de Paris.
3264 — —
3196 — Les femmes d'artistes.
2635 — L'immortel.
3222 — —
3952 — —
3954 — —
8102 — —
290 — Robert Helmont.
3240 — —
4251 — —
3525 — Sapho.
3775 — —
4155 — —
4998 — —
6438 — —
6593 — —
1881 DAUDET et HENNIQUE. La menteuse.
4390 — —
592 DAUDET (Ernest). La princesse de Lerne.
595 — Les deux évêques.
813 — Le missionnaire.
1750 — Les persécutées.
3345 — —

1759 DAUDET (Ernest). Fervantis.
1781 — La maison de Graville.
1785 — Les reins cassés.
1792 — La baronne Amalti.
1793 — Madame Robernier.
1794 — Mademoiselle Vestris.
6475 — —
2082 — Les duperies de l'amour.
2135 — Conspirateurs et comédiennes.
2344 — Défroqué.
2345 — A l'entrée de la vie.
2346 — Un amour de Barras.
2348 — Don Rafaël.
2818 — Poste restante.
3259 — Expiatrice.
4185 — Jourdan Coupe-tête.
5208 — Le roman de Delphine.
5209 — Mademoiselle de Circé.
6112 — Gisèle Rubens.
6262 — —
6373 — La Vénitienne.
6549 — —
6474 — La petite sœur.
6476 — Rolande et Andrée.
2180 DAUDET (Léon). Les Kamtchatka.
2453 — —
2819 — Alphonse Daudet.
3059 — Le partage de l'enfant.
3198 — Les deux étreintes.
3200 — Le voyage de Shakespeare.
3201 — Les morticoles.
3265 — Les morticoles.
130 DAUTIN (Jules). La bossue.
5299 DAVIGNON (H.). Le prix de la vie.
1133 DAVYL (Louis). 13, rue Magloire.
2077 — Honneur me tient. *2 vol.*
3979 — Les idées de Pierre Quiroul.
5012 — Les amants ennemis.
3 DEBANS (Camille). Les malheurs de John Bull.
1448 — La Cabanette.
1672 — Histoire de dix huit prétendus.
2349 — Les drames à toute vapeur.
3411 — Le capitaine Marche ou crève.
4284 — Moumousse.
601 DEBAY (Victor). Hors la vie.
608 — Au carrefour d'une vie.
3189 — L'étoile.
5210 — L'amie suprême.
5659 DEBRIT (Marc). Laura.
613 DECOURCELLE (Pierre). Les deux gosses. *2 vol.*
1912 — La buveuse de larmes.
1913 — Crime de femme. (*suite*).
2744 — Les requins de Paris. (*suite*).
3214 Le crime d'une sainte.
5578 DECROIX (B.). Le tondeur.

5915 DELAVILLE (Camille). La femme jaune.
2679 DELCAMP (André). Chocho, de l'Académie française.
2641 — —
1616 DELCOURT (Pierre). Feu Tricoche.
4857 DELEDDA (Grazia). Cendres.
5097 — Je meurs où je m'attache.
3550 DELESCLUZE (Charles). De Paris à Cayenne.
121 DELESTRE-POIRSON. Un ladre.
5579 DELYGNY (Eugène). Le talisman de Robert Nels.
6602 DELLY. Le mystère de Ker-Even.
363 DELPIT (Albert). Disparu.
6477 — —
633 — Les amours cruelles.
3987 — Le fils de Coralie.
4309 — —
1432 — Le père de Martial.
4986 — —
1422 — Thérésine.
6263 — —
1444 — Mlle de Bressier.
2095 — Belle-Madame.
6820 — Toutes les deux.
6264 — —
4003 — La famille Cavalié. 2 *vol.*
4458 — Jean-nu-pieds. 2 *vol.*
4759 — Comme dans la vie.
5580 — —
6288 — Solange de Croix Saint-Luc.
6604 — Le mariage d'Odette.
878 DELPIT (Edouard). Les théories de Tavernelle.
2351 — Les représailles de la vie.
4405 — Les représailles de la vie.
2354 — Les fils du siècle.
6093 — Bérangère.
2355 DELTUF (Paul). Mlle Fruchet.
2356 — La femme incomprise.
4739 — L'ordonnance de non-lieu.
5212 — Les femmes sensibles.
5211 — Les pigeons de la Bourse.
5581 — Les petits malheurs d'une femme.
6023 — Jacqueline Voisin.
5582 DELVAU (A.). Les amours buissonnières.
1655 DEMESSE (Henri). Petite Fifi.
3470 — —
6337 — —
5213 — Gant-de-fer.
5292 — Le baron Chocquart.
3923 DEMMIN (Auguste). Une vengeance par le mariage.
5858 DEPRET (Louis). Trop fière.
2357 DESBEAUX (Emile). Le mystère de Westfield.
1598 DESCAVES (Lucien). La teigne.
6037 — Philémon vieux de la vielle.
2358 DESCHANEL (Emile). A pied et en wagon.
5214 DESCHAMPS (Edmond). Hélène et Jacques.
5583 DESGRANGE (Henri). Alphonse Marcaux.

288 DESLYS (Charles). Les bottes vernies de Cendrillon.
487 — Seur Louise.
490 — La mère Rainette.
491 — Mimie.
4459 — —
494 — Zingara.
771 — Le Mesnil au bois.
5585 — —
1337 — L'abîme.
4319 — —
2955 — Les compagnons de minuit.
4787 — Le naufrage de la Méduse.
5586 — —
5293 — La maison du bon Dieu.
5584 — Simples récits.
558 DESNOYERS (Louis). Les aventures de Robert-Robert.
1786 — Les mésaventures de Jean-Paul Choppart.
3776 — —
2360 DESPRÉAUX (Louis). Chez les yankees.
2361 DEULIN (Charles). Contes du roi Cambrinus.
2362 — Les contes de ma mère l'Oye.
4134 — Histoire de petite ville.
1622 DEVILLE. Une aventure sur la mer Rouge.
1798 DEVOILLE (A.). Le solitaire de l'île Barbe.
2993 DEYROLLES (Georges). Le crime des Espagnols.
2821 DHANYS (Marcel). Mémoires d'une petite fiancée.
2822 — Les prétendants de Simone.
6478 — —
2823 — Les doléances d'une petite mariée.
2824 — Le vœu de Phanette.
2825 — Sur les marches du trône.
2826 — Les lunettes de la marquise
*6105 — Journal d'une élève de Port-Royal.
6106 — Mésalliance.
*1545 DICKENS (Charles). Contes de Noël.
1559 — Le marquis de Saint-Evremont.
*2692 — Olivier Twist.
2720 — Les grandes espérances. 2 *vol.*
*3720 — Dombey et fils. 3 *vol.*
*3721 — Vie et aventures de Nic Nickleby. 2 *vol.*
3830 — —
3722 — L'ami commun. 2 *vol.*
3961 — — 2 *vol.*
*3723 — Le mystère d'Edwin Drood.
*3724 — La petite Dorrit. 2 *vol.*
3732 — Bleak-house. 2 *vol.*
*3733 — Le magasin d'antiquités. 2 *vol.*
*3831 — Aventures de M. Pickwik. 2 *vol.*
*3846 — — 2 *vol.*
*6222 — — 2 *vol.*
3834 — Les temps difficiles.
3934 — —
*3835 — Aventures de Mar. Chuzzlewit. 2 *vol.*
3836 — Barnabé Rudge. 2 *vol.*
*3936 — David Copperfield. 2 *vol.*

3857 DICKENS et COLLINS. L'abîme.
700 DIDIER (Charles). Les nuits du Caire.
909 DIDIER (Octave). Madame Georges.
1058 DIGUET (Charles). Mémoires d'un fusil.
1416 — Moi et l'autre.
5587 — Histoire galante de Henri IV.
2363 DINOCOURT. Le fils du brasseur Roy. 2 *vol.*
1882 DOCQUOIS (Georges). Bêtes et gens de lettres.
8036 DOMBRE (Georges). L'énigme de la rue Cassini.
4522 DORGELÈS (Roland). Les croix de bois.
6154 — —
2364 DOSTOÏEVSKY (Th.). Les possédés. 2 *vol.*
2365 — La femme d'un autre.
3858 — Le crime et le châtiment. 2 *vol.*
5099 — —
3859 — Souvenirs de la maison des morts.
2827 DOUCET (Gérôme). Les petits métiers de Paris.
1676 DRACK (Maurice). Le pavé de l'enfer.
3202 — Trinqueballe.
5588 — Le boudoir bleu.
5317 DRAULT (Jean). Les audiences joyeuses.
5589 — L'odyssée de Claude Tapart.
5590 — Chapuzot à Madagascar.
82 DROZ (Gustave). Une femme gênante.
172 — Monsieur, Madame et Bébé.
4022 — —
6607 — —
174 — Les étangs.
374 — Babolain.
5591 — —
6223 — —
922 — Autour d'une source.
5592 — —
6224 — —
2366 — Entre nous.
3586 — Tristesses et sourires.
5328 — —
5593 — —
5327 — L'enfant.
1253 DUBARRY (Armand). Les drames de l'Orient.
4854 DUBRON (Victor). Les histoires d'un vieil avocat.
3734 DUBUS (H). Les trois noblesses.
1543 DUBUT DE LAFOREST. L'abandonné.
2098 — La haute-bande.
2099 — Le cornac.
3600 DUCOM (Eugène). Nouvelles gasconnes.
2136 DUHAMEL (G.). Confession de minuit.
6140 — Civilisation.
6144 — Vie des martyrs.
6152 — Entretiens dans le tumulte.
333 DUMAS (Alex. père). Les hommes du fer.
334 — Acté.
4155 — —
70 — Les louves de Machecoul. 3 *vol.*
4109 — — 3 *vol.*

4133 DUMAS (Alex. père). Les louves de Machecoul. 3 *vol.*
335 — Amaury.
3317 — —
4156 — —
95 — Le comte de Monte-Cristo. 6 *vol.*
465 — — 6 *vol.*
1037 — — 6 *vol.*
636 — Histoire de mes bêtes.
4194 — —
276 — Joseph Balsamo. 5 *vol.*
997 — — 5 *vol.*
277 — Le collier de la reine. (*Suite*). 3 *vol.*
591 — — 3 *vol.*
1036 — — 3 *vol.*
628 — Ange Pitou. (*Suite*).
278 — — 2 *vol.*
1000 — — 2 *vol.*
4247 — — 2 *vol.*
279 — La comtesse de Charny. (*Fin*). 6 *vol.*
1002 — — 6 *vol.*
8056 — — 2 *vol.*
1701 — Causeries. 2 *vol.*
1748 — Mes mémoires. 10 *vol.*
313 — Les trois mousquetaires. 2 *vol.*
1575 — — 2 *vol.*
4052 — — 2 *vol.*
4389 — — 2 *vol.*
650 — Vingt ans après. (*Suite*). 3 *vol.*
658 — — 3 *vol.*
684 — — 3 *vol.*
2901 — — 3 *vol.*
4053 — Vingt ans après. (*Suite*). 3 *vol.*
324 — Le vicomte de Bragelonne. (*Fin*). 6 *vol.*
332 — — 6 *vol.*
982 — — 6 *vol.*
637 — La tulipe noire.
3725 — Cécile.
336 — Ascanio. 2 *vol.*
337 — Le bâtard de Mauléon. 3 *vol.*
338 — Black.
3060 — —
410 — La San Felice. 9 *vol.*
2096 — — 4 *vol.*
2097 — Emma Lyonna. (*Suite et fin*). 5 *vol.*
3067 — — 5 *vol.*
413 — La maison de glace. 2 *vol.*
1199 — — 2 *vol.*
412 — En Suisse.
3075 — — 3 *vol.*
6341 — — 3 *vol.*
414 — L'île de feu. 3 *vol.*
5594 — — 2 *vol.*
416 — Ingénue. 2 *vol.*
4166 — — 2 *vol.*
458 — Le corricolo. 2 *vol.*

4172 DUMAS (Alex. père). Le corricolo. 2 vol.
1007 — La princesse de Monaco. 2 vol.
3955 — — 2 vol.
481 — Les deux Diane. 3 vol.
632 — — 3 vol.
4187 — — 3 vol.
415 — Histoire de Louis-Philippe.
471 — Les Mohicans de Paris. 4 vol.
1012 — — 4 vol.
2719 — — 4 vol.
4260 — — 4 vol.
4393 — — 4 vol.
345 — Salvator. (*Suite et fin*). 5 vol.
411 — — 5 vol.
1706 — Gaule et France.
2726 — —
486 — Les compagnons de Jéhu. 3 vol.
763 — — 3 vol.
1698 — Les Blancs et les Bleus. (*Suite et fin*). 3 vol.
3116 — Souvenirs dramatiques. 2 vol.
533 — Le trou de l'enfer.
1112 — —
1856 — —
4412 — —
534 — Dieu dispose. (*Suite et fin*). 2 vol.
644 — — — 2 vol.
1689 — Une année à Florence.
536 — Le chevalier de Maison-rouge. 2 vol.
677 — — 2 vol.
1599 — — 2 vol.
1636 — — 2 vol.
620 — Jane.
3091 — —
236 — Le capitaine Richard.
4263 — —
4583 — Monsieur Coumbes.
635 — La bouillie de la comtesse Berthe.
4193 — —
227 — La reine Margot. 2 vol.
627 — — 2 vol.
4167 — — 2 vol.
466 — La dame de Monsoreau. (*Suite*). 3 vol.
662 — — — 3 vol.
762 — — — 3 vol.
483 — Les quarante-cinq. (*Fin*). 3 vol.
663 — — — 3 vol.
829 — — — 3 vol.
927 — Les drames de la mer.
3224 — —
928 — Le capitaine Pamphile.
6479 — —
686 — Le chevalier d'Harmental. 2 vol.
4902 — — 2 vol.
1345 — Une fille du régent. (*Suite*).
3068 — —

1565 DUMAS (Alex. père). Jacques Ortis.
4329 — —
1619 — Olympe de Clèves. 3 *vol.*
4341 — — 3 *vol.*
1683 — Aventures de John Davys. 2 *vol.*
1530 — Catherine Blum.
634 — La dame de volupté. 2 *vol.*
1685 — — 2 *vol.*
3066 — Les deux reines. (*Suite et fin*). 2 *vol.*
1687 — Histoire d'un casse-noisette.
2286 — —
1684 — Italiens et Flamands. 3 *vol.*
1686 — Les drames galants. 2 *vol.*
6002 — — 2 *vol.*
307 — Une aventure d'amour.
626 — —
624 — La femme au collier de velours.
1692 — —
1693 — Les baleiniers. 2 *vol.*
4347 — — 2 *vol.*
3110 — Propos d'art et de cuisine.
1695 — Le capitaine Rhino.
1696 — Mémoires d'une aveugle. 2 *vol.*
1697 — Les confessions de la marquise. 2 *vol.*
1699 — La comtesse de Salisbury. 2 *vol.*
1700 — La terreur prussienne. 2 *vol.*
2828 — L'homme aux contes.
1702 — Un cadet de famille. 3 *vol.*
5595 — Le fils du forçat.
3074 — L'horoscope.
1985 — Le maître d'armes.
1707 — Les grands hommes en robes de chambres : I. César. 2 *vol.*
1708 — Les grands hommes en robes de chambres. II. Henry IV, Louis XIII et Richelieu. 2 *vol.*
1709 — Charles le Téméraire. 2 *vol.*
1710 — La guerre des femmes. 2 *vol.*
4354 — — 2 *vol.*
3104 — Un pays inconnu.
1929 — Le drame de 93. 3 *vol.*
1993 — Sultanetta.
2224 — Fernande.
2225 — Georges.
2367 — Les Garibaldiens.
2723 — Le capitaine Paul.
3387 — —
3735 — —
3061 — Bric à-brac. 2 *vol.*
3062 — La chasseur de sauvagine.
3063 — Le château d'Eppstein. 2 *vol.*
3064 — La colombe.
3065 — Conscience l'innocent. 2 *vol.*
3069 — Filles, lorettes et courtisanes.
3319 — —
1703 — Le docteur mystérieux. 2 *vol.*

1705 Dumas (Alex. père). La fille du marquis. (*Suite et fin*). 2 *vol.*
3071 — Les frères corses.
5596 — —
3072 — Gabriel Lambert.
4343 — —
3073 — Un Gil Blas en Californie.
3076 — Une nuit à Florence sous Médicis.
3077 — L'Arabie heureuse. 3 *vol.*
3078 — Excursions sur les bords du Rhin. 2 *vol.*
3079 — Le capitaine Aréna.
5597 — —
3080 — Le Caucase. 2 *vol.*
3081 — Midi de la France. 2 *vol.*
3082 — De Paris à Cadix. 2 *vol.*
3083 — Quinze jours au Sinaï.
3084 — En Russie. 4 *vol.*
3085 — Le Speronare. 2 *vol.*
3086 — Le véloce. 2 *vol.*
3087 — La villa Palmiéri.
3088 — Isaac Laquedem. 2 *vol.*
5598 — — 2 *vol.*
3089 — Yvanhoé. 2 *vol.*
3070 — Jacquot sans oreilles.
3092 — Jehanne la Pucelle.
5603 — Trois maîtres.
5604 — Marie Stuart.
5605 — Les massacres du Midi.
53 — Louis XIV et son siècle. 4 *vol.*
54 — — 2 *vol.*
4105 — —
3093 — Louis XV et sa cour. 2 *vol.*
1691 — Louis XVI et la Révolution. 2 *vol.*
4346 — — 2 *vol.*
3094 — Madame de Chamblay. 2 *vol.*
3095 — Les mariages du père Olifus.
6480 — —
3096 — Les Médicis.
3097 — Mémoires de Garibaldi. 2 *vol.*
4353 — — 2 *vol.*
3098 — Le meneur de loups.
3099 — Les mille et un fantômes.
5599 — —
3100 — Les morts vont vite. 2 *vol.*
3101 — Napoléon.
3102 — Parisiens et provinciaux. 2 *vol.*
3103 — Le pasteur d'Ashbourn. 3 *vol.*
3105 — Pauline et Pascal Bruno.
5049 — —
3106 — Le père Gigogne. 2 *vol.*
5600 — — 2 *vol.*
3107 — Le père la Ruine.
4 6 — —
3108 — Le prince des voleurs. 2 *vol.*
3109 — La princesse Flora.

1694 DUMAS (Alex. père). Isabel de Bavière. 2 *vol.*
3111 — La Régence.
3112 — Robin Hood le proscrit. 2 *vol.*
3113 — La route de Varennes.
3114 — Le Salteador.
3115 — Souvenirs d'Antony.
5602 — —
3117 — Les Stuarts.
3118 — Sylvandire.
3119 — Le testament de M. Chauvelin.
3120 — La vie au désert. 2 *vol.*
3121 — Une vie d'artiste.
5601 — —
380 DUMAS (Alex. fils). Sophie Printems.
475 — —
4173 — —
664 — La vie à vingt ans.
474 — Trois hommes forts.
1817 — —
4314 — Affaire Clemenceau.
519 — Antonine.
614 — —
3412 — —
4255 — —
2226 — L'homme-femme.
1030 — La dame aux camélias.
1087 — —
1855 — —
3489 — —
3504 — —
4043 — —
6439 — —
1765 — La boîte d'argent.
2227 — Les femmes qui tuent et les femmes qui votent.
2228 — La question du divorce.
2956 — Tristan le Roux.
3122 — Aventures de quatre femmes et d'un perroquet.
3123 — Le docteur Servans.
4044 — Ilka.
4584 — La dame aux perles.
5606 — Le régent Mustel.
5607 — L'inconsolée.
6140 DUMUR (Louis). Nach Paris !
6253 — Le boucher de Verdun.
5608 DUPEUTY (Adolphe). Où est la femme ?
1679 DUPIN (Henri). Cinq coups de sonnette.
112 DUPLESSIS (Paul). L'illustre Polinario.
4926 — Les grands jours d'Auvergne. 4 *vol.*
5129 — Le batteur d'estrade. 2 *vol.*
2368 DUPONT (Léonce). Souvenirs de Versailles pendant la Commune.
1799 DUPUY (Antonin). Le comte de Tréazek.
3523 DURANDAL (P.). Le second voyage de Passe-Partout.
3610 DURANDEAU (Emile). Civils et militaires.
5609 DURANTIN (A.). La légende de l'homme éternel.

5979 DURANTY. Les malheurs d'Henriette Gérard.
587 DURUY (George). Victoire d'âme.
1147 — Andrée.
1557 — Le garde du corps.
3278 — —
4328 — —
6342 — —
3801 — L'unisson.
5352 — —
3126 DUSSAUD-ROMAN (Mme). La conquête d'une belle-mère.
8098 DUSSERT (Antonin). Jean et Louise.
695 DUTRIPON (C.). Le commissionnaire de Bézange.
1233 DUVAL (Georges). Le tonnelier.
1449 — Le quartier Pigalle.
1566 — Vauluisant et Bouleau.
4740 — L'homme à la plume noire.
4760 — Honneur pour honneur.
5610 — Napoléon.
5415 DUVERNOIS (Henri). Popote.
630 — Fifinoiseau.
2143 — Crapotte.
5098 DYKE (H. van). La gardienne de la lumière.
2372 ECILAW (Ary). Le roi de Thessalie.
2764 — Roland.
2373 EDMOND (Ch.). La maison J.-R. Cossemant.
6038 ELDER (Marc). Le peuple de la mer.
1591 — Thérèse, ou la bonne éducation.
6135 — Une crise.
6303 — Le sang des dieux.
6379 — —
2737 ELIOT (Georges). La conversion de Jeanne.
*3736 — Adam Bede. 2 *vol.*
*3737 — Silas Marner.
*4067 — Le moulin sur la Floss. 2 *vol.*
5611 — Tribulations du révérend Barton.
1609 ELZÉAR (Pierre). Christine Bernard.
2374 — Le Briou.
5024 — Jack Tempête.
51 ENAULT (Etienne). Diane Kerdoval.
88 — Mademoiselle de Champrosay.
790 — Le dernier amour.
1639 — Gabrielle de Célestange.
3258 — Le roman d'une altesse.
3490 — L'enfant trouvé. 2 *vol.*
5612 — Les quatre fauvettes.
83 ENAULT (Louis). Histoire d'une femme.
2376 — —
211 — Un amour en Laponie.
4139 — —
274 — L'amour et la guerre. 2 *vol.*
5613 — — 2 *vol.*
5353 — Histoire d'amour.
4761 — Le château des anges.
291 — Nadèje.
4462 — —

685 **Enault** (Louis). Le baptême du sang. 2 *vol.*
1690 — — 2 *vol.*
697 — Alba.
5614 — —
774 — Pêle-mêle.
1158 — En province.
2724 — Christine.
5615 — —
5616 — Hermine.
2308 — La destinée.
2375 — Le roman d'une veuve.
5617 — —
2377 — Le châtiment.
2765 — L'amour en voyage.
3127 — La vierge du Liban.
5618 — —
4461 — Un drame au marais.
3452 — Circassienne.
6567 — Les perles noires. 2 *vol.*
687 **Ennery** (Adolphe d'). Jacqueline.
2182 — Markariantz.
3341 — Martyre. 2 *vol.*
932 **Epry** (Ch.). L'écume.
19 **Erkmann-Chatrian.** Histoire d'un homme du peuple.
55 — Maître Daniel Rock.
3277 — L'illustre docteur Mathéus.
4080 — —
177 — La maison forestière.
*62 — Madame Thérèse.
*126 — —
*4106 — —
*8055 — —
64 — Le blocus.
4107 — —
65 — Contes populaires.
124 — Histoire du Plébiscite.
4120 — —
*125 — L'Invasion ou le fou Yégof.
*3236 — —
660 — Histoire d'un conscrit de 1813.
8057 — —
67 — Waterloo. (*Suite*).
4108 — —
*661 — *Histoire d'un paysan. 4 *vol.*
705 — Contes vosgiens.
742 — —
5100 — —
733 — Le banni.
734 — Le grand-père Lebigre.
5620 — —
735 — Maître Gaspard Fix.
5621 — —
736 — Une campagne en Kabylie.
5623 — —
737 — Souvenirs d'un ancien chef de chantier.

738 Erckmann-Chatrian. Les deux frères.
739 — Histoire d'un sous-maître.
5622 — —
740 — Le brigadier Frédéric.
5215 — —
*2054 — L'ami Fritz.
*6647 — —
2183 — Alsaciens et Vosgiens d'autrefois.
3378 — Contes fantastiques.
3128 — Les vieux de la vieille.
4110 — La guerre.
5268 — Le joueur de clarinette.
*5624 — Contes des bords du Rhin.
6385 Escholier (Raymond). Cantegril.
1232 Escofier (H.). Troppmann.
5014 — Le mannequin.
1976 Esparbès (Georges d'). La légion étrangère.
4463 — Les yeux clairs.
5050 — Le briseur de fers.
4092 Espinasse Mongenet. La vie finissante.
3965 Estaunié (Edouard). « Bonne Dame ».
6555 — L'empreinte.
1005 Etiévant (Camille). La débâcle.
379 Eyma (Xavier). Le médaillier.
854 — Les Peaux-Rouges.
1168 — Les Peaux-Noires.
5130 — Le roi des tropiques.
3740 Fabre (Ferdinand). Monsieur Jean.
6483 — —
1090 — Madame Fuster.
4850 — —
1179 — Les Courbezon.
3742 — —
6481 — —
1180 — Barnabé.
5625 — Julien Savignac.
2514 — Lucifer.
4302 — —
1185 — Le roman d'un peintre.
1186 — L'abbé Tigrane.
4928 — —
5626 — —
6482 — —
1187 — Mademoiselle de Malavieille.
1215 — —
5627 — —
1188 — Le roi Ramire.
4927 — —
1434 — Toussain Galabru.
5628 — —
1757 — Sylviane.
2766 — —
5629 — —
3726 — Norine.
5630 — —

5631 FABRE (Ferdinand). Norine.
3727 — L'abbé Roitelet.
5632 — —
5633 — —
3741 — Taillevent.
5634 — Germy.
6348 — Le calvaire de la baronne Fuster.
3860 FANFANI (Piétro). Cecco d'Ascoli.
3861 — —
2934 FANJAT. Une adresse illisible.
6160 FARMER (Jean). César Napoléon Gaillard.
4125 FARRÈRE (Claude). L'homme qui assassina.
5416 — —
4767 — Mademoiselle Dax jeune fille.
4768 — Les petites alliées.
5101 — La bataille.
6367 — Les civilisés.
5635 FAUCON (Mme). Le petit trappeur.
3405 FAURE-FAVIER (L.). Mademoiselle loin du Ciel.
5636 FAVIER (F.). L'héritage d'un misanthrope.
1111 FAVRE (Adolphe). L'œuvre du démon.
1956 FERÉ et CAUVAIN. Les buveurs d'absinthe.
4285 FERNAND-LAFARGUE (L.). La fille des vagues.
3551 FÉRINA (J.). Esclaves et corsaires d'Afrique.
744 FERRIÈRES (Jean DE). Une âme obscure.
2916 — Les messieurs de Séryac.
352 FERRY (Gabriel). Le crime du bois des Hogues.
567 — Scènes de la vie militaire au Mexique.
4188 — —
782 — Les deux maris de Marthe.
5637 — Scènes de la vie sauvage au Mexique.
2380 FERTIAULT (F.). La chambre aux histoires.
5398 FERVAL (Claude). Vie de château.
8065 — Un double amour.
3856 FESCH (Paul). Le Panthéon des bonnes gens.
625 FESSARD (Charles). Les récits de l'oncle Yanick.
13 FEUILLET (Octave). Les amours de Philippe.
1760 — —
5916 — —
4623 — La morte.
4725 — —
5354 — —
6343 — —
219 — Monsieur de Camors.
748 — —
232 — Histoire d'une parisienne.
3134 — —
5638 — —
233 — Bellah.
1831 — —
234 — Histoire de Sibylle.
1661 — —
1871 — —
4800 — —
4464 — Honneur d'artiste.

5355 FEUILLET (Octave). Honneur d'artiste.
302 — Le roman d'un jeune homme pauvre.
4002 — —
4149 — —
4150 — —
8002 — —
3135 — La veuve.
4801 — —
5329 — —
3136 — Le divorce de Juliette.
535 — Le journal d'une femme.
4315 — —
5356 — —
6484 — —
866 — Julia de Trécœur.
1847 — —
5639 — —
2515 — La petite comtesse.
4297 — —
5002 — —
6594 — —
3471 FEUILLET (Madame). Petite Régine.
4929 — La jeunesse d'une marquise.
5357 — —
5358 — La filleule de Monseigneur.
6440 — —
382 FÉVAL (Paul). Le dernier vivant. 2 *vol.*
383 — Les fanfarons du roi.
384 — Jean-Diable. 3 *vol.*
389 — Contes de Bretagne.
392 — Le quai de la Ferraille. 2 *vol.*
4164 — Le bossu. 2 *vol.*
6004 — Le bossu. 2 *vol.*
6609 — — 3 *vol.*
*464 — Le capitaine Simon.
1214 — La pêcheresse.
3413 — —
1269 — Madame Gil Blas. 2 *vol.*
4307 — — 2 *vol.*
4370 — Bouche de fer.
1275 — Le capitaine Fantôme.
1272 — Les filles de Cabanil. (*Suite*).
4391 — Talavera de la Reine. (*Suite*).
1611 — Annette Laïs.
3320 — —
1631 — Aimée.
1675 — Le jeu de la mort.
4345 — —
3414 — Le prince Coriolani.
1837 — Jésuites !
1838 — Pas de divorce.
*1839 — Les parvenus.
2159 — La maison de Pilate. (*Suite*). 2 *vol.*
5216 — — 2 *vol.*
2050 — Cœur d'acier. 2 *vol.*

4931 FÉVAL (Paul). Cœur d'acier. 2 *vol.*
2379 — Le volontaire.
*2829 — Le poisson d'or.
2995 — La Cosaque.
3491 — Le drame de la jeunesse.
*3510 — La fée des grèves.
4291 — Contes bretons.
4585 — Les nuits de Paris.
4816 — La province de Paris.
*4888 — Roger Bontemps.
*4930 — L'homme de fer *(Suite de la Fée des Grèves).*
5640 — La fabrique de crimes.
6003 — Les compagnons du silence. 3 *vol.*
4399 FÉVAL (fils). Les jumeaux de Nevers. ***(Fin).*** 2 *vol.*
5641 FÈVRE (Henri). Les beaux mariages.
265 FEYDEAU (Ernest). Mémoires d'un coulissier.
1249 — Consolation.
1350 — Fanny.
2184 — La comtesse de Chalis.
3845 — —
2382 — Le roman d'une jeune mariée.
5359 — —
2979 — Un début à l'Opéra.
5642 FICHY (Pierre). Le roman d'un forestier.
5643 FIÉVÉE (A.). Le sergent d'Armagnac.
610 FILON (Augustin). Contes du centenaire.
*835 — Violette Mérian.
887 — Amours anglais.
1840 — Vacances d'artiste.
2740 — Micheline.
689 FISCHER (Max). L'amant de la petite Dubois.
1815 FLAMMARION (Camille). Stella.
3924 FLAMMARION (Berthe). Les idées d'Odette.
2204 FLAUBERT (Gustave). Salammbô.
4143 — —
5075 — —
6142 — —
6485 — —
825 — Madame Bovary.
3777 — —
4586 — —
5003 — —
6441 — —
1553 — L'éducation sentimentale.
5943 — Bouvard et Pécuchet.
3739 — Trois contes.
3743 FLORAN (Mary). La plus riche.
5644 — Daniel Levar.
5890 FLOR O'SQUARR. Les fantômes.
15 FOË (Daniel DE). Robinson Crusoë. 2 *vol.*
1348 — — 2 *vol.*
4262 — — 2 *vol.*
6143 — — 2 *vol.*
2917 FOGAZZARO (Antonio). Malombra.
5645 — —

3958 FOGAZZARO (Antonio). Le saint.
4069 — Un petit monde d'autrefois.
4791 — Leila.
4890 — Petit monde d'aujourd'hui.
6100 — Daniel Cortis.
1978 FOLEY (Charles). Les colonnes infernales.
4629 — —
2007 — Au téléphone.
4626 — —
6265 — —
2725 — La dame aux millions.
3629 — L'écrasement.
4627 — Marion Franchet.
4628 — Madame de Lamballe.
5217 — Monsieur Belle-Humeur.
8010 — —
5917 — Le roi des neiges.
5944 — L'otage.
5945 — Un concert chez les fous.
2385 FONVIELLE (Ulric DE). Souvenirs d'une chemise rouge.
2386 FONVIELLE (W. DE). Comment se font les miracles.
4570 FORGUES (C. D). Le rose et le gris.
5646 FORGUES (E. D). Sandra Belloni.
5652 FORTIN (Gve). Le jeune Follevic.
5218 FORTUNIO. Le nouveau Juif-errant.
5653 FORVILLE (A. DE). Le comte de Saint-Pol.
5654 FORVILLE. (V. DE). Le marquis de Pazaval.
5655 FOS (Mme DE). Les cercles de feu.
2154 FOUCAULT (A). Christiane ou l'éducation par l'amour.
5647 FOUCHER (P). Monsieur Bienaimé.
2387 FOUDRAS (DE). Madame Hallali.
5656 — La comtesse Alvinzi.
524 FOURNIER (N). Histoire d'un espion politique. *4 vol.*
2832 FRANAY (Gabriel). La marraine de Peau d'Ane.
3738 — Mon chevalier.
6137 — Les mémoires de Primevère.
1716 FRANCE (Anatole). La rôtisserie de la reine Pédauque.
6570 — —
1736 — Les opinions de M. Jérôme Coignard.
4567 — —
4630 — —
4384 — Thaïs.
5417 — —
1776 — L'étui de nacre.
1870 — Le mannequin d'osier.
4937 — —
1924 — L'anneau d'améthyste.
4990 — —
1809 — Balthazar.
5054 — —
1810 — Le lys rouge.
4913 — —
1811 — Les puits de Sainte-Claire.
4465 — —
*1884 — Le livre de mon ami.

5104 FRANCE (Anatole). L'orme du mail.
2943 — Monsieur Bergeret à Paris.
6569 — —
*3415 — Le crime de Sylvestre Bonnard.
*3970 — —
2767 — Crainquebille.
4093 — —
2942 — Sur la pierre blanche.
4655 — —
4957 — —
3472 — Histoire comique.
4568 — —
3964 — Les sept femmes de Barbe-Bleue.
5053 — —
4233 — Pierre Nozière.
4536 — —
4278 — Les désirs de Jean-Servien.
4769 — —
4562 — L'île des pingouins.
5418 — —
6310 — —
4716 — Le jardin d'Epicure.
5399 — Les dieux ont soif.
4744 — La révolte des Anges.
6052 — —
5140 — Jocaste et le chat maigre.
4677 — Le petit Pierre.
6141 — —
6372 — Les contes de Jacques Tournebroche.
1718 FRANCE (Hector). L'homme qui tue.
5657 — En « police court ».
2944 FRAPIÉ (Léon). La maternelle.
4669 FRAPIÉ (Léon). M'ame Préciat.
4817 — Les obsédés.
4818 — La figurante.
5219 — La liseuse.
5419 FRAUDET (René). Les fatidiques.
4388 FRÉJAC (Ed. DE). Voyage à l'axe de la terre.
5658 FRÉMY (A.). Journal d'une jeune fille pauvre.
248 FRESCALY (Marcel). Fleur d'alfa.
911 — Le 6e Margouillats.
3862 FREYTAG (Gustave). Doit et avoir. 2 *vol.*
8049 FRICHET (Henry). Dans les ronces.
3633 FULBERT-DUMONTEIL. Contes jaunes.
4466 — Les sept femmes du colonel d'Arlot.
408 FULLERTON (lady). L'oiseau du bon Dieu.
305 GABORIAU (Emile). Le capitaine Coutenceau.
4151 — —
4468 — —
387 — La clique dorée.
388 — La corde au cou.
4054 — —
398 — L'argent des autres. 2 *vol.*
399 — Le crime d'Orcival.
4932 — —

402 GABORIAU (Emile). La vie infernale. 2 *vol.*
508 — Mariages d'aventure.
4264 — —
1025 — Le dossier n° 113.
1213 — La dégringolade. 2 *vol.*
4161 — — 2 *vol.*
1863 — Les comédiennes adorées.
2186 — —
4360 — —
4467 — —
2388 — Les cotillons célèbres.
2389 — Le 13e hussards.
2918 — Les gens de bureau.
5131 — —
3321 — Le petit vieux des Batignolles.
5025 — —
1914 GACHONS (J. DES). Le roman de la vingtième année.
5420 — —
2808 GAËL (Mme). Le foyer.
4111 GAGNEUR. La croisade noire. 2 *vol.*
208 — Chair à canon.
5660 — —
1752 — Les réprouvées.
3527 — Un chevalier de sacristie.
4469 — —
2256 GALLAND. Les mille et une nuits.
599 GALLERY DES GRANGES. Le pays rouge.
5661 GALLET et MONTAGNE. Saltimbanques ! (*Suite du* 5762).
5762 — Jeanne de Soyans.
5662 GALLUS (Emm.). Mademoiselle de Vaudieu.
4631 GALIPAUX. Toujours des galipettes.
6126 — La tournée Ludovic.
5520 GAMOND (Pierre DE). L'épave.
805 GANDON (Antoine). Les 32 duels de Jean Gigon.
5663 — Le grand Godard.
5664 — L'oncle Philibert.
1471 GARCHES (Jacques DE). Remarié.
6046 GARCHINE (V.). La guerre.
1200 GARIBALDI (G.). La domination du moine.
861 GARNERAY (Louis). Scènes maritimes.
4055 — Voyages, aventures et combats.
4056 — Mes pontons.
3693 GARNIER (Commt). Les tueurs de lions et de panthères.
4433 GASKELL (Mrs). Cousine Philis.
5665 — Crawford.
3322 GASPARIN (Mme DE). Camille.
1450 GASTYNE (Jules DE). Le séquestre.
5221 — La femme nue.
6362 — Divorcés.
2651 GAULARD (G.). Infanterie de marine.
5222 GAULOT (Paul). Henriette Busseuil.
1563 — Le mariage de Jules Lavernat.
3473 GAUSSERON (B.-H.). La clémence du cardinal.
*73 GAUTIER (Théophile). Le roman de la momie.
*5102 — —

463 Gautier (Théophile). Militona.
2757 — Un trio de romans.
1211 — Le capitaine Fracasse. 2 *vol.*
1230 — Avatar.
1663 — Loin de Paris.
2188 — Les grotesques.
2391 — Tableaux de siège (Paris 1870-1871).
3129 — Mademoiselle de Maupin.
5004 — —
3130 — Caprices et zigzags.
3474 — Les Jeune-France.
4177 — Jettatura.
5321 — Romans et contes.
5322 — Spirite.
6124 — Nouvelles.
2190 Gautier (Judith). Les princesses d'amour.
2390 — La conquête du paradis.
5318 — Le collier des jours.
5319 — Le second rang du collier.
5320 — Le troisième rang du collier.
5666 — Isoline
5667 Gay (Sophie). Le faux frère.
5668 — Léonie de Montbreuse.
5669 — Un mariage sous l'Empire.
5670 — Marie de Mancini.
5671 — Le moqueur amoureux.
2745 Geffroy (Gustave). L'apprentie.
5421 — Les camarades jaunes.
6154 — Nouveaux contes du pays d'Ouest.
5672 Gégout et Malato. Prison fin-de-siècle.
3729 Géniaux (Charles). La cité de mort.
3730 — L'homme de peine
6166 — Mes voisins de Campagne.
6498 — La passion d'Armelle Louanais.
8094 — La victoire du Bled.
2392 Génin. (M.). La famille Martin.
5671 Génissieu (Fd.). Un fils d'Eve.
1382 Gennevraye (A.). Andrée de Lozé.
4225 — Histoire invraisemblable.
5300 — Trop riche.
5301 — Les embarras d'un capitaine de dragons.
5302 — Tintin.
5674 Genouillac (G. de). Comment elles agissent.
328 Gérard (Jules). La chasse au lion.
4153 — —
4154 — Le tueur de lion.
5675 — —
3555 — Le mangeur d'hommes.
3583 — Mes dernières chasses.
3584 — Voyages et chasses.
1723 Gérard (André). Solange.
5676 — —
1724 — Envers et contre tout.
5303 — Christiane.
4632 Germain (Aug.). Premier prix du conservatoire.

939 GERMAIN (Henri). Pêle-Mêle.
5677 GERMINA (L.). Au port.
3863 GERSTAECKER (F.). Une charmante habitation.
3980 — —
3864 — Les pionniers du Far-West.
3865 — Les pirates du Mississipi.
3866 — Les brigands des prairies.
5678 — La maison mystérieuse.
1004 GHEUSI (P. B.). Sous le volcan.
5679 GHIKA (princesse). Devoir ou folie.
5680 — La duchesse de Cerni.
4755 GILL (André). Vingt années de Paris.
3326 GINISTY (Paul). La fange.
4742 — Lucinde.
4821 — Francine, actrice de drame.
5250 — Le moutardier du pape.
5681 — Un petit ménage.
326 GIRARDIN (Mme E. DE). La canne de M. de Balzac.
641 — — —
3327 — — —
1738 — Marguerite ou deux amours.
1739 — La croix de Berny.
2393 — Il ne faut pas jouer avec la douleur.
5682 — Le lorgnon.
5683 — Le vicomte de Launay. 4 *vol.*
1357 GIRARDIN (J.). Tom Brown à Oxford. 2 *vol.*
2394 — Sans cœur.
6366 GIRAUD MANGIN. Ceux de Jadis.
1124 GLATRON (Georges). Le passé.
5980 — Spéranza.
5304 GLEIZE (Lucien). Le drame de comptoir.
1121 GLOUVET (Jules DE). Le forestier.
1125 — L'idéal.
1127 GLEIZE (Lucien). Croquis de femmes.
1128 — Le père.
4020 — —
1139 — La famille Bourgeois.
1143 — Le marinier.
1150 — Le berger.
1189 — Histoires du vieux temps.
1126 — L'étude Chandoux.
5684 GOETHE (Louise). Les puritains de province.
2395 GOGOL (Nicolas). Nouvelles russes.
3867 — Les âmes mortes. 2 *vol.*
1240 GOLDSMITH (Olivier). Le vicaire de Wakefield.
3981 — —
2802 GOLSWORTHY (A.). Un cri dans la nuit.
1646 GONCOURT (Edmont DE). La fille Elisa.
812 — Les frères Zemganno.
3511 — —
1456 — Chérie.
1647 — La Faustin.
694 GONCOURT (Ed. et J. DE). Sœur Philomène.
5145 — —
716 — Germinie Lacerteux.

4205 GONCOURT (Ed. et J. DE). Germinie Lacerteux.
809 — Charles Demailly.
4221 — —
1134 — Renée Mauperin.
8003 — —
1656 — Madame Gervaisais.
1657 — Manette Salomon.
3399 — La femme au XVIIIe siècle.
5685 — En 18.
18 GONDRECOURT (DE). Les péchés mignons. 2 *vol.*
198 — Le bout de l'oreille. 3 *vol.*
202 — Le chevalier de Pampelonne. 2 *vol.*
203 — Le baron de Gazette. (*Suite*). 2 *vol.*
205 — Les derniers Kerven. 2 *vol.*
206 — Le légataire.
309 — Le mendiant. 4 *vol.*
310 — Le pays de la soif. 4 *vol.*
933 — Scènes de la vie arabe : Médinc. 2 *vol.*
1085 — Le général Chardin.
3868 GONTCHAROF. Marc le Nihiliste.
4078 GONZALÈS (Emm.) La servante du diable.
4079 — —
25 — La fiancée de la mer.
3417 — —
152 — La table d'or.
153 — Le prince noir.
180 — L'hôtesse du connétable.
4136 — —
181 — Une princesse russe.
214 — Les sept baisers de Buckingham.
215 — Le vengeur du mari.
4232 — —
2397 — Les deux favorites. 3 *vol.*
2396 — La dame de nuit. 2 *vol.*
2398 — Les amours de Vert-galant.
3131 — Voyages en pantoufles.
3237 — Les frères de la côte.
4587 — Le prince noir. Les deux favorites.
2399 GORKI (Maxime). Thomas Gordeieff.
2834 — L'espion.
2985 — En prison.
2012 GORON. Le crime de la rue de Javel.
2191 — Le calvaire d'Eugénie Valort.
2257 — Un beau crime.
4251 — Mémoires. 4 *vol.*
4935 — L'affaire Joizel.
4995 — Le crime de la rue de Chantilly.
4996 — Coco ou les Monte-en-l'air.
2061 GORON et GAUTHIER. De Cayenne à la place Vendôme.
2062 — Pirates cosmopolites. (*Suite*).
2063 — Détectives et bandits. (*Fin*).
1250 GOURAUD (Mlle Julie). Mémoires d'un caniche.
5686 — Mémoires d'un petit garçon.
253 GOURDON (Edouard). Les faucheurs de Nuit.
4936 GOURDON DE GENOUILLAC. Le roman d'une bourgeoise.

1947 GOURMONT (Rémy DE). Merlette.
6139 GOUVION (Marc). Haut les ailes.
541 GOZIAN (Léon). Les martyrs inconnus.
512 — La vivandière.
785 — Aristide Froissard. 2 *vol.*
698 — Les nuits du Père-La-Chaise.
1197 — Un fou couronné.
1205 — Le notaire de Chantilly.
1398 — Histoire de diamant.
1400 — Le médecin du Pecq.
1413 — Le capitaine Maubert.
2401 — L'amour des lèvres et l'amour du cœur.
3804 — Le baril de poudre d'or.
4743 — Histoire de cent trente femmes.
5777 — Georges III.
5778 — Les châteaux de France.
1050 GRAMACCINI. Charme trompeur.
1075 GRAND-CARTERET. La femme en culotte.
5687 GRAVIÈRE (Caroline). Romans et nouvelles.
216 GRANDFORT (Marie DE). Ryno.
2842 GRAY (Maxwell). Le silence du doyen.
5005 — —
712 GRÉBAUVAL (Armand). La vocation de Max.
827 GRENDEL (Paul). Blidie.
828 — Elfa.
4127 GREEN (A. K.). Le crime de Gramercy-Park.
*4720 — Le médaillon.
4876 — Une étrange disparition.
5006 GREENVILLE-MURRAY. Le jeune Brown. 2 *vol.*
5688 — La cabale de boudoir. 2 *vol.*
94 GRÉVILLE (Henry). L'expiation de Savéli.
142 — L'amie.
5330 — Ariadne.
5918 — —
158 — Les degrés de l'échelle.
5028 — La fiancée de Sylvie.
160 — Madame de Dreux.
6488 — —
165 — La maison de Maurèze.
166 — Les mariages de Philomène.
4130 — —
6495 — —
*300 — Dosia.
*680 — —
*5146 — —
4191 — Marier sa fille.
5331 — —
606 — A travers champs. Autour d'un phare.
607 — Clairefontaine.
3204 — —
6447 — —
6489 — —
615 — Rose Rozier. 2 *vol.*
616 — Suzanne Normis.
617 — Un violon russe. 2 *vol.*

*618 GRÉVILLE (Henry). Le vœu de Nadia.
*5259 — —
*681 — La princesse Ogherof.
*5026 — —
682 — Les Koumiassine. 2 *vol.*
853 — Cité Ménard.
964 — Une trahison.
5332 — —
*965 — Perdue.
*5333 — —
966 — Les épreuves de Raïssa.
5260 — —
5919 — —
5946 — —
6416 — —
967 — Lucie Rodey.
4939 — —
*968 — Sonia.
*4823 — —
*6486 — —
969 — L'héritage de Xénie.
5027 — —
6448 — —
6113 — Le moulin Frappier. 2 *vol.*
1079 — Le comte Xavier.
1942 — —
6487 — —
1151 — La fille de Dosia.
2492 — —
4299 — —
1195 — L'ingémie.
3418 — —
434 — Nikanor.
1379 — —
2759 — —
*1812 — Frankley.
*6449 — —
1813 — Louk Loukitch.
4938 — —
6444 — —
1822 — Louis Breuil.
4889 — —
6490 — —
*1826 — Le fil d'or.
*5947 — —
*6024 — —
*6491 — —
1827 — Jolie propriété à vendre.
*4890 — Aurette.
*1829 — Le mari d'Aurette.
*5076 — —
1833 — Un mystère.
*1934 — La seconde mère.
*2758 — —
*4891 — —

1946 Gréville (Henry). Zoby.
4779 — —
5690 — —
2009 — Céphise.
5261 — —
2010 — La Mamselka.
4822 — —
6445 — —
*2768 — Les ormes.
*6492 — —
*6493 — —
3512 — Chénérol.
4021 — —
5161 — —
3988 — Le roi des milliards.
4851 — —
5147 — —
4280 — Folle avoine.
5334 — —
4780 — Villoré.
6101 — —
4824 — Cléopâtre.
4825 — La demoiselle de Puygarrou.
5262 — —
5360 — Un vieux ménage.
4991 — Chant de noces.
5361 — —
6494 — —
5029 — Vie d'hôtel.
5263 — —
*5689 — Petite princesse.
5335 — Un crime.
5948 — La Niania.
5949 — L'avenir d'Aline.
6446 — Fidelka.
6497 — Péri.
449 Grimard (Ed.). Un dernier fils de roi.
5779 Grimm. Contes allemands du temps passé.
924 Grison (Georges). 13, rue des Chantres.
1610 — Paris horrible et Paris original.
6127 Groc (Léon). L'autobus évanoui.
6131 — Ville hantée.
1588 Gros (Jules). Les secrets de la mer.
3582 — Aventures d'une noce parisienne. 2 *vol.*
2403 Gros (Camille). Les vertiges.
1636 Grosclaude. Les gaietés de l'année.
2189 — Les potins de partout.
5223 — Pardon, Madame!
6374 Gsell (Paul). Propos d'Anatole France.
49 Guéroult (Constant). Aventures cavalières.
385 — Le luthier de Rotterdam.
999 — Les dames de Chamblas. 2 *vol.*
5148 — — 2 *vol.*
6691 Gueullette (Charles). Une heure dans le bleu.
2996 Guiches (Gustave). Céleste Prudhomat.

1571 GUICHES (Gustave). L'ennemi.
5692 — Un cœur discret.
1866 GUIDO-DA-VERONA. La vie commence demain.
2011 GUILBERT (Yvette). La vedette.
2248 — Les demi-vieilles.
4374 — —
5103 GUILLAUMIN (Emile). Rose et sa Parisienne.
5693 GUNTER (A. C.). Monsieur Barnes, de New-York.
5694 GUYON (Eugène). La donna è mobile.
1555 GYP. Le druide.
1877 — La fée surprise.
2060 — O Province!
2144 — Les amoureux.
2146 — Un mariage chic.
2405 — Israël.
2409 — Le journal d'un philosophe.
2727 — L'âge du mufle.
3513 — Pervenche.
4633 — Les chéris.
4634 — Petit Bob.
5305 — Elles et lui.
5306 — Sac à papier.
5307 — Le 13e.
5308 — Le cœur d'Ariane.
5338 — Ce que femme veut... ?
5362 — Une passionnette.
5363 — Pas jalouse!
5695 — Doudou.
5696 — Le plus heureux de tous.
5697 — Autour du mariage.
5698 — Bijou.
5699 — Ces bons docteurs.
5701 — Sportmano-manie.
5981 — Trop de chic..
3328 HACKLANDER. La vie militaire en Prusse. *4 vol.*
5950 — Le moment du bonheur.
6290 — —
*2833 HAGGARD (Rider). L'enfant des Boërs.
*4717 — Découverte des mines du roi Salomon.
*5702 — Jess.
5703 — Le colonel Quaritch.
*6317 — Elle « She ».
229 HALÉVY (Ludovic). L'abbé Constantin.
2762 — —
4290 — —
5225 — —
6268 — —
269 — L'invasion.
4147 — —
271 — Madame et Monsieur Cardinal.
6267 — —
5294 — Un mariage d'amour.
273 — Les petites Cardinal.
770 — —
868 — Criquette.

5254 Halévy (Ludovic) Criquette.
1433 — Princesse.
1980 — Karikari.
8039 — La famille Cardinal.
2411 Hali (capitaine). Scènes de la vie maritime.
3869 — —
163 Halt (Mme Rob). Une cure du docteur Pontalais.
4135 — —
1210 — Madame Frainex.
1239 — Histoire d'un petit homme.
1625 — Les infortunes d'un gentilhomme.
5226 Hameau (Louise). Fleur de la savane.
3329 Hamon (Ludovic). Un rêve de bonheur.
4250 Hamon (Louis). Police et criminalité.
6189 Hampt (L.). La peine des hommes. Le rail ; la victoire mécanicienne ; les chercheurs d'or.
2919 Hannan (Ch.). Le captif de Pékin.
8053 Hansi. Professeur Knatschké.
4436 Haraucourt (Edm.). La peur.
6499 — Daâh le premier homme.
2412 Hardy (Thomas). Jude l'obscur.
2920 Harraden (Béatrice). L'oiseleur.
2939 Harry (Myriam). La conquête de Jérusalem.
5780 — Tunis la blanche.
8033 — Madame Petit-Jardin.
8066 — La divine chanson.
4470 Harwood (J.-R.). Lord Ulswater. 2 *vol.*
4579 Hauff. Nouvelles.
5704 Haupt (G. de). Le bonheur et l'argent.
489 Havrincourt (L. d'). Fausse route.
4940 Hawthorne (N.). La maison aux sept pignons.
1973 Headon-Hill. Sous peine de mort.
4320 Heimburg. Le roman d'une orpheline.
6328 Hémon (Louis). Maria Chapdeleine.
1387 Hennique (Léon). La dévouée.
1535 — Un caractère.
6005 — L'accident de M. Hébert.
5309 Henriot. L'article de Paris.
5530 Henry (Jacques). Jean Costebelle matelot.
1475 Hepp (Alexandre). Chaos.
1727 — Les anges parisiens.
2413 Héricault (Ch. de). Les cousins de Normandie.
2414 — Mademoiselle Sous-Pliocène.
5705 — La comédie des champs.
2415 Hérisson (d'). La légende de Metz.
2652 — Un drame royal.
1658 Hermant (Abel). Le cavalier Miserey.
1659 — Nathalie Madoré.
2194 — Les transatlantiques.
4387 — —
2416 — La surintendante.
2835 — Le char de l'Etat.
2999 — M. de Courpière marié.
8052 — —
3475 — Souvenirs de Courpière par un témoin.

3476 HERMANT (Abel). Cœurs privilégiés.
4419 — Les grands bourgeois.
6157 — L'aube ardente.
6269 — Histoire amoureuse de Fanfan.
6292 — La biche relancée.
8017 — Trains de luxe.
1548 HERVIEU (Paul). Peints par eux-mêmes.
3000 — Flirt.
3001 — L'inconnu.
8004 — Les yeux bleus et les yeux verts.
5951 — L'Alpe homicide.
6026 — L'armature.
2192 HERVILLY (Ern. DE). Mesdames les Parisiennes.
2417 — Histoires de mariages.
2418 — Parisienneries.
3705 — Les Parisiens bizarres.
5706 — Midi à quatorze heures.
2936 HEULHARD (Arthur). Tu es Petrus.
5707 HEUZEY (J. P.). Les actes de Diotime.
513 HILAIRE (Léon). Nouvelles fantaisistes.
386 HOFFMANN. Fantaisies.
1971 — Contes posthumes.
3871 — —
3938 — Contes fantastiques.
4471 — —
4546 HORNUNC. Rafles.
496 HOUSSAYE (Arsène). Romans parisiens.
1244 — Lucia.
1490 — Les femmes du diable.
1612 — Les larmes de Jeanne.
1669 — La Révolution.
1751 — Les filles d'Eve.
1758 — Les amours de ce temps-là.
2100 — Notre-Dame-de-Thermidor.
2193 — Histoire d'une fille du monde.
2419 — La robe de la mariée.
2420 — Le violon de Franjolé.
2421 — L'amour comme il est.
5350 — —
2422 — Tragique aventure du bal masqué.
2770 — —
2423 — Histoire du 41e fauteuil.
2424 — Madame Lucrèce.
2425 — Les Charmettes.
2426 — Galerie de portraits du 18e siècle.
2427 — Les mains pleines de roses.
2428 — La belle Rafaella.
2429 — Les aventures galantes de Margot.
2430 — Histoires romanesques.
2653 — Mademoiselle Mariani.
2771 — Les douze nouvelles nouvelles.
4635 — Les femmes démasquées.
5227 — Les larmes de Mathide.
5264 — Les femmes comme elles sont.
6364 — Blanche et Marguerite.

5162 HOUVILLE (Gérard D'). Esclave.
5163 — L'inconstante.
5164 — Le temps d'aimer.
5400 — —
6088 — Le Séducteur.
6450 — Tant pis pour toi !
3731 HUDRY-MÉNOS. Ames cévenoles.
2900 HUE (Gustave). L'utile amie.
2980 HUE (Fernand). Guérin Spranger et Cie.
237 HUGO (Victor). Han d'Islande. 2 *vol.*
4201 — —
238 — Bug Jargal. Le dernier jour d'un condamné.
4202 — —
3539 — L'homme qui rit. 3 *vol.*
4528 — Les Misérables. 5 *vol.*
8045 — —
8054 — —
8061 — Quatre vingt-treize.
1451 — Notre-Dame-de-Paris.
4269 — — 2 *vol.*
4270 — — 2 *vol.*
4268 — Les travailleurs de la mer. 2 *vol.*
4472 — Histoire d'un crime. 2 *vol.*
8062 — —
888 HUGONNET (F.). Souvenir d'un chef de bureau arabe.
5423 HUGUENIN (Pierre). L'intaille.
2887 HUME (Fergus W.). Le mystère d'un hansom cab.
2889 — Miss Méphistophélès.
2880 HUGERFORD (Mrs). Molly Bawn.
2886 — Premières joies, premières larmes. 2 *vol.*
4694 — La conquête d'une belle-mère.
1446 HUYSMANS (J. K.). Les sœurs Vatard.
3179 — La cathédrale.
3813 — —
3233 — En route.
3419 — En rade.
5401 — De tout.
6556 — A rebours.
6557 — Là-bas.
1632 IDEVILLE (Henry D'). Les petits côtés de l'histoire.
783 IMBERT (P. L.). A travers Paris inconnu.
4057 — Les trappeurs parisiens au 19e siècle.
4942 IMMERMANN (Ch.). Les paysans de Westphalie.
1641 IUNG (Th.). Voyage autour de ma tente.
3542 IVOI (Paul D'). Aventures de Lavarède. 10 *vol.*
146 JACOB (P. L.). Le vieux conteur.
2432 JACOB (bibliophile). Les amours d'un antiquaire.
2433 JACOB DE LA COTTIÈRE. Par monts et par vaux.
1411 JACOLLIOT (L.). L'affaire de la rue de la banque. 2 *vol.*
2005 — Voyage aux pays du haschisch.
3528 — Voyage aux pays des palmiers.
3529 — Voyage au pays des fakirs charmeurs.
3563 — Voyage aux pays des éléphants.
3564 — Second voyage au pays des éléphants.
3565 — —

5310 JACOLLIOT (L.). Second voyage au pays des éléphants.
3566 — Voyage au pays des perles.
3567 — —
3568 — —
3569 — Voyages au pays des singes.
3570 — Voyage au pays des brahmes.
5269 — —
6500 — —
3572 — Voyage aux pays mystérieux.
3573 — —
3574 — —
4395 — —
3576 — Voyage au pays des kangourous.
3577 — Voyage dans le buisson australien.
8023 — Le coureur des jungles.
5105 JALOUX (Edmond). L'éventail de crêpe.
6165 — L'incertaine.
6318 — —
6452 — —
6451 — La fin d'un beau jour.
4473 JAMES (Henry). L'Américain à Paris. 2 *vol.*
*6158 JAMMEL (Francis). Le poète rustique.
517 JANIN (Jules). La confession.
791 — Un cœur pour deux amours.
1454 — Deburau.
2434 — La semaine des trois jeudis.
2435 — La religieuse de Toulouse.
6006 — L'interné.
6115 — Le talisman.
2836 JEANROY (B. A.). Deux cœurs.
5007 JERROLD (Douglas). Sous les rideaux.
5708 JOBEY (Charles). L'amour d'une blanche.
2925 JOKAÏ (Maurice). Le nouveau seigneur.
543 JOLIET (Charles). Une reine de petite ville.
1063 — Roche d'or.
1218 — Carmagnol.
1414 — Bérengère.
1507 — Les filles d'enfer.
2438 — —
1513 — Violette.
1529 — Les mains blanches.
1573 — Le comte Horace.
1574 — Le mariage de Frédérique. (*Suite*).
2439 — La vicomtesse de Jussey.
2440 — Pénélope et Phryné.
3302 — La foire aux chagrins.
5015 — Aurore.
5709 — Vie parisienne.
6025 — Jeune ménage.
6383 — Fanfinette.
436 JONCHÈRE (Ernest). Clovis Bourbon.
40 JOUVENEL (DE). La République des camarades.
5228 JUILLET (Maxime). Aveu suprême.
2441 JULIEN (Stanislas.) Contes et apologues indiens.
2454 — Nouvelles chinoises.

4636 JUNKA (Paul). La paroisse Saint-Magloire.
5982 — Un vicaire parisien.
807 JULLIOT (François DE). Terre de France.
5229 — La folle du logis.
5710 — La contre-allée.
4123 KARR (Alphonse). Sous les tilleuls.
342 — —
187 — Les femmes.
192 — La Pénélope normande.
437 — Sous les orangers.
566 — Clovis Gosselin.
764 — Promenades hors de mon jardin.
892 — Roses noires et roses bleues.
925 — Les fleurs.
1100 — Le chemin le plus court.
5988 — —
1805 — Plus c'est la même chose.
2196 — Lettres écrites de mon jardin.
2288 — Au soleil.
2289 — Menus propos.
2443 — Voyages autour de mon jardin.
2444 — Contes et nouvelles.
2446 — Pour ne pas être treize
2447 — Hortense. Feu Bressier.
3133 — Une poignée de vérités.
3718 — Les points sur les I.
3925 — Fa dièze.
5252 — Devant les tisons.
5711 — Agathe et Cécile.
2287 — Le pot aux roses.
5712 — —
5251 KAHN (Gustave). Les petites âmes pressées.
391 KATOW (Paul DE). La fille du cardinal.
1614 — —
5728 KERVIGAN (Aurèle). Histoire de rire.
6146 KEUN (Odette). L'oasis dans la montagne.
*2837 KIPLING (Rudyard). La lumière qui s'éteint.
*4094 — Kim.
*4505 — Le livre de la jungle.
*4506 — Le second livre de la jungle.
4507 — L'homme qui voulut être roi.
5952 — La cité de l'épouvantable nuit.
6329 — —
2838 — Le Naulahka.
6053 — —
6558 — Simples contes des collines.
1083 KISTEMÆKER. Les amants romanesques.
1099 — La dame et le demi-monsieur.
207 KOCK (Henry DE). Le marchand de curiosités.
902 — Mademoiselle ma femme.
1222 — Ma petite cousine.
1223 — La tribu des gêneurs.
1228 — Minette.
1236 — Brin d'amour.
2324 — Ninie Guignon.

2448 Kock (Henry de). Les femmes honnêtes.
2449 — Le crime d'Horace Lignon.
3420 — Un drôle de voleur.
5859 — La chute d'un petit.
5860 — Le démon de l'alcôve.
784 Kock (Paul de). M. Chermai.
1367 — La mariée de Fontenay-aux-Roses.
1369 — Moustache.
1370 — L'amoureux transi.
1425 — Madame Pantalon.
1427 — La baronne Blaguiskoff.
1429 — Ce monsieur.
1497 — Carotin.
1627 — La dame aux trois corsets.
1845 — Gustave le mauvais sujet.
1986 — Sœur Anne.
2195 — Mon ami Piffard.
4023 — —
2450 — André le savoyard.
4234 — —
2839 — Monsieur Dupont.
2840 — La prairie aux coquelicots. 2*vol.*
3330 — Les petits ruisseaux.
4024 — Un tourlourou.
4025 — Une fête aux environs de Paris.
4026 — Le barbier de Paris.
4028 — Mon voisin Raymond.
4029 — Flon, flon, flon, laridondaine.
4031 — L'âne à M. Martin.
4589 — Ni jamais, ni toujours.
4695 — Madame de Montflanquin. 2 *vol.*
4781 — Cerisette. 2 *vol.*
5782 — Un jeune homme charmant.
6058 — Une femme à trois visages. 2 *vol.*
6059 — Une gaillarde. 2 *vol.*
6060 — Les étuvistes. 2 *vol.*
6061 — La demoiselle du cinquième. 2 *vol.*
6062 — Sans cravate. 2 *vol.*
6063 — La famille Braillard. 2 *vol.*
6064 — La famille Gogo. 2 *vol.*
6065 — Les demoiselles de magasin. 2 *vol.*
6066 — Le petit Isidore.
6067 — Alexis et Georgina. *(Suite).*
6068 — Paul et son chien.
6069 — Les époux Chamoureau. *(Suite).*
6070 — Madame Saint-Lambert.
6071 — Benjamin Godichon. *(Suite).*
6072 — La petite Lise.
6074 — Un monsieur très tourmenté.
6075 — La jolie fille du faubourg.
6076 — L'homme aux trois culottes.
6077 — Un bon enfant.
6078 — Friquette.
6079 — La laitière de Montfermeil.
6080 — Papa beau-père.

6081 KOCK (Paul DE). Un mari dont on se moque.
6082 — Le professeur fiche claque.
6083 — Une drôle de maison.
6084 — Un jeune homme mystérieux.
6085 — Maison Perdaillon et C.
204 LABOULAYE (Edouard). Souvenirs d'un voyageur.
2451 — —
670 — Le prince Caniche.
4195 —
1666 — Contes bleues.
2452 — Abdallah.
5272 — Nouveaux contes bleues.
2983 LA BRUYÈRE (M.). L'inutile route.
683 LACHAUD (Georges). Pour de l'argent.
5975 — Impitoyable amour.
4872 LACOUR (Paul). le secret d'Antoine.
301 LACRETELLE. Contes de la méridienne.
4590 LAÈRE (Ludovic DE). Le drame de Bellevue.
2960 LAFORÊT. Exploits de Désiré Courtalin.
5723 LAGLAIZE (J.-B.). Pantins et marionnettes.
3290 LAJEUNESSE (Ern.). Cinq ans chez les sauvages.
*294 LAMARTINE (A. DE). Graziella.
1192 — Geneviève.
4336 — —
*2272 — Le tailleur de pierres de Saint-Point.
*2948 — —
5724 — Antar.
5725 — Régina.
3927 LAMOTHE (A. DE). Les mystères de Machecoul.
1801 — L'auberge de la mort.
1900 — Le secret du pôle.
1897 — Le cap aux ours. *(Suite)*.
1899 — Le roi de la nuit. 2 *vol.*
2000 — Pia la San-Piétrina. 2 *vol.*
2455 — Le gaillard d'arrière de la « Galathée ».
3546 — Le capitaine Ferragus.
3547 — Fleur-des-eaux. (*Suite*).
3548 — Les secrets de l'équateur. (*Suite*).
3779 — Légendes de tous pays.
3803 — Métamorphoses de Tartarin Gribouille.
3926 — Les Camisards. 3 *vol.*
5649 — Aventures d'un Alsacien.
93 LANDELLE (DE LA). Les quarts de nuit.
182 — —
2457 — — 6 *vol.*
99 — La vie navale.
167 — Le dernier des flibustiers.
168 — Les coureurs d'aventures.
169 — Deux croisières.
189 — Une haine à bord.
462 — Les quarts de jours.
1031 — Un corsaire sous la Terreur.
1044 — Les passagères.
1247 — Le mouton enragé.
5726 — —

2458 Landelle (de la). Légende de la mer.
4943 — La meilleure part.
5323 — L'âme du navire.
2456 — L'amour de Ninette.
6125 — L'homme de feu.
6394 — Pigeon vole.
8042 — Histoires maritimes.
2197 Lano (Pierre de). La piaffe.
1101 — Terr'Neuva.
2249 — —
943 Lapointe (Armand). Le bonhomme Misère.
1006 — Le roman d'un médecin.
3422 — —
1056 — Feu Robert Bey.
1906 — Le cousin César.
2728 — Les étoiles filantes.
2930 La Ronce (Jacques). Les Tubeuf.
2460 La Selve (Edgar). Le général Cocoyo.
3560 — Entre les tropiques.
5934 Latzarus (L.). La demoiselle de la rue des Notaires.
2461 Launay (Alph. de). Culottes rouges.
2841 Laurent (Charles). L'empereur s'amuse.
2462 Laurent-Pichat. Le secret de Polichinelle.
4253 — Cartes sur table.
*1911 Laurie (André). L'écolier d'Athènes.
2013 — L'oncle de Chicago.
*2138 — Le rubis du grand lama.
2139 — Le secret du mage.
3556 — Gérard et Colette.
3557 — Le filon de Gérard. (*Suite*).
945 — Colette en Rhodésia. (*Suite et fin*).
3344 — Séléné-Company limited. 2 *vol.*
3559 — Le capitaine Trafalgar.
4771 — Le maître de l'abîme.
5149 — Axel Elbersen.
1221 La Vallée (Joseph). Récits d'un vieux chasseur.
1773 Lavedan (Henri). Les marionnettes.
2772 — Une cour.
3002 — Sire.
3379 — Le bon temps.
3974 — —
8073 — —
4066 — Leurs sœurs.
5953 — Lydie.
6571 — Irène Olette.
8090 — Leur cœur. Leurs sœurs. Le vieux marcheur.
242 Lavergne (Alex. de). Le cadet de famille.
773 — Le lieutenant Robert.
4215 — —
243 — Epouse ou mère. (*Suite*).
4853 — —
1248 — Le chevalier du silence.
1251 — Le comte de Mansfeldt.
1255 — La recherche de l'inconnue.
4571 — La famille de Marsal.

4697 LAVERGNE (Alex. DE). L'ut de poitrine.
5727 — La pension bourgeoise.
2157 LAVERGNE (Antonin). Jean Coste.
3873 LAWRENCE. L'épée et la robe.
5295 — —
5728 — Maurice Dering.
5729 LEBAS (Mme R.). Souvent homme varie.
2370 LE BEAUMONT (M.). Je marie mon oncle.
2463 LEBLANC (Maurice). L'enthousiasme.
*4509 — Lupin contre Herlock Sholmès. *(Suite)*.
3891 — « 813 ». *(Suite)*.
4892 — La frontière.
5954 — Les heures de mystère.
5996 — Les confidences d'Arsène Lupin.
1517 LEBLOND (Marius-Ary). En France.
1948 LE BRAZ (Anatole). Le gardien du feu.
1974 — Pâques d'Islande.
6241 — —
1981 — Le sang de la sirène.
3269 — La terre du passé.
6240 — —
3767 — Au pays des pardons.
5106 — —
2464 LÈBRE (Gaston). Causes grasses et causes maigres.
2465 LECLERCQ (Emile). Histoire de deux armurières.
2169 LECOMTE (George). Bouffonneries dans la tempête.
4819 — L'espoir.
5107 — —
4820 — Les hannetons de Paris.
5730 LECOMTE (Jules). Secrets de famille.
5731 LE FAURE (G.). Le volontaire de 1815.
2255 LEFEBVRE (Dr René). Paris en Amérique.
2934 — —
396 LEDHUY (Carle). Le capitaine d'aventure.
5732 LEGAY (Henri). Les drames au clair de lune.
2946 LE GOFFIC (Charles). L'erreur de Florence.
3270 — Sur la côte.
5907 — L'abbesse de Guérande.
6326 — —
2477 LEGOUVÉ (Ernest). Edith et Falsen.
2843 — Fleurs d'hiver, fruits d'hiver.
5733 — Béatrix.
1607 LEGRAND (Ch.). L'homme de quarante ans.
2961 LEMAIRE (J.). Le gros péché de l'abbé Millet.
1580 LEMAITRE (Jules). Les rois.
1734 — Myrrha.
8027 — Cadet oui-oui.
5141 LEMERCIER DE NEUVILLE. Contes abracadabrants.
2468 LEMONNIER (Camille). Au cœur frais de la forêt.
2844 — Le vent dans les moulins.
2845 — Le sang et les roses.
2846 — Les deux consciences.
4142 — Contes flamands.
4698 — La maison qui dort.
6285 — Comme va le ruisseau.

1119 LEMONNIER (Pierre). Ceux de la mer.
3744 — —
5230 LENGLÉ (Paul). Thérèse.
4357 Léoni (Oscar). Le drame du Fœderis-Arca.
4396 — —
4397 — Le mystère de l'étang rouge.
5734 LEOUZON-LE-DUC. Ivan.
2773 LEPELLETIER (Edmond). Madame Sans-Gêne. 3 *vol.*
4008 — — 3 *vol.*
4009 — Les trahisons de Marie-Louise. 2 *vol.*
655 LE QUEUX (Villiam). La dame en bleu.
2928 — Coupable ?
3959 — Mémoires d'un policier de Monte-Carlo.
6270 LERICHE (Henri). La Soutane aux orties.
840 LERMINA (Jules). Propos de Thomas Vireloque.
2718 — La succession Tricoche et Cacolet. 2 *vol.*
2962 — Les loups de Paris. 2 *vol.*
4286 — 10.000 lieues sans le vouloir.
5016 — La comtesse Mercadet.
5735 — Abel.
2334 LEROUX (Gaston). La double vie de Th. Longuet.
2957 — Le fantôme de l'Opéra.
*4498 — Le mystère de la chambre jaune.
*8079 — —
*8024 — Le parfum de la dame en noir. (*Suite*).
4766 — Le fauteuil hanté.
5971 — Rouletabille chez le tsar.
8067 — —
1925 LE ROUX (Hugues). Gens de poudre.
1940 — Le frère lai.
2198 — Le chemin du crime.
2672 — Chasses et gens d'Abyssinie.
2774 — Le fils à papa.
2947 — Prisonniers marocains.
4572 — Au Sahara.
4785 — Gladys.
5781 — O mon passé...
5231 LEROY (Jeanne). Le roman d Arlette.
1335 LEROY (Ch.). Les malheurs du capitaine Lorgnegrut.
545 — Guib llard et Ramollot.
4474 — Pour amuser les gens graves.
4754 — Les finesses de Pinteau.
4944 — Les fredaines du commandant Vermoulu.
6572 — Madame Flercadet Cantinière.
2469 LESCLIDE (R.). Voyage autour de ma maîtresse.
3255 LESCOT (Mme). Les vaines promesses.
2470 LESCURE (DE). Le château de Barbe-bleue.
2471 — Les chevaliers de la mouche à miel. 2 *vol.*
2472 — Les maîtresses du Régent.
3331 LESPÈS (Léo). Les tableaux vivants.
2201 LESUEUR (Daniel). L'or sanglant.
5364 — —
2202 — La fleur de joie. (*Suite*).
5365 — —
2473 — L'honneur d'une femme.

2775 LESUEUR (Daniel). Fiancée d'outre-mer.
2778 — —
2922 — L'amant de Geneviève.
3514 — Lèvres closes.
4826 — —
4882 — —
5366 — —
6646 — —
5424 — Nietzschéenne.
8005 — —
4673 — Le droit à la force.
4827 — —
5736 — —
4674 — Marcelle.
4675 — Un mystérieux amour.
4676 — Amour d'aujourd'hui.
4678 — Une vie tragique.
4679 — Passion slave.
4680 — Justice de femme.
5955 — —
4682 — A force d'aimer.
4684 — Comédienne.
4685 — Au delà de l'amour.
5367 — —
4686 — Le cœur chemine.
4687 — La force du passé.
5368 — —
5166 — Lys royal.
— Le meurtre d'une âme. *(Suite).*
4690 — Le marquis de Valcor.
5369 — —
4691 — Madame de Ferneuse. *(Suite).*
5370 — —
4692 — Le fils de l'amant.
4693 — Madame l'ambassadrice. *(Suite).*
5970 — —
4731 — Flaviana, princesse.
5425 — Au tournant des jours.
8041 — Gilles de Claircœur.
8081 — —
2474 LÉTANG (Louis). Le drame de Rochegrise.
5311 LETURQ E (H.). Au pays des gauchos.
842 LE VAVASSEUR (G.). Dans les herbages.
576 LÉVY (Jules). Exposition de tableaux à la plume.
1129 — Les gaietés de la correctionnelle.
4940 — Çà vient de paraître.
80 LICHTENBERGER (André). L'automne.
101 — Les contes de Minnie.
143 — La mort de Corinthe.
144 — Le petit roi.
6298 — —
179 — Rédemption.
*1489 — Portraits d'aïeules.
*2950 — La petite.
*5109 — —

4510 LICHTENBERGER (André) Père.
*4511 — Mon petit Trott.
*4512 — La petite sœur de Trott.
*4513 — Line.
*4542 — Notre Minnie.
*6306 — —
4946 — Monsieur de Migurac.
*5108 — Juste Lobel, alsacien.
5426 — Petite Madame.
6054 — Tous héros.
6055 — Gorri le forban.
6056 — Le sang nouveau.
6102 — Les centaures.
6245 — Biche.
6248 — Le cœur est le même.
8091 — Minnie.
2476 LIESKOFF (Nicolas). Le voyageur enchanté.
2478 LINDAU (Paul). Mon ami Hilarius.
1455 LOCKROY (Edouard). Ahmed le boucher.
503 LOIRE (Louis). Anecdotes de la vie littéraire.
822 LOMON (Charles). L'affaire du Malpel.
1712 — L'amirale.
1715 — La Régina.
1720 — Amour sans nom.
1131 LONGUS. Daphnis et Chloë.
1123 LONLAY (DE). Nouvelles choisies.
4638 LORÉDAN (Jean). Humbles drames.
2479 LORRAIN (Jean). Madame Baringhel.
2847 — Les poussières de Paris.
3380 — Madame Monpalou.
4639 — Un dénomiaque.
5782 — Heures d'Afrique.
520 LOTI (Pierre). Le roman d'un enfant.
521 — Mon frère Yves.
2784 — —
*1051 — Pêcheur d'Islande.
*3368 — —
*6051 — —
1260 — Propos d'exil.
1261 — Aziyadé.
4724 — —
6349 — —
*1642 — Le livre de la piété et de la mort.
1643 — Le roman d'un spahi.
4640 — —
1807 — Le mariage de Loti.
2475 — —
6396 — —
1824 — Ramuntcho.
1907 — Matelot.
6238 — Fantôme d'Orient.
2776 — Vers Ispahan.
2923 — Japoneries d'automne.
2937 — Madame Chrysanthème.
6233 — —

5078 LOTI (Pierre). Madame Chrysanthème.
2987 — Les derniers jours de Pékin.
3561 — —
2988 — La troisième jeunesse de Mme Prune.
5030 — —
2992 — Le château de la Belle-au-bois dormant.
6235 — —
3180 — L'exilée.
3203 — —
3478 — L'Inde (sans les Anglais).
4531 — —
*3960 — Les désenchantées.
*5077 — —
*6231 — —
*6395 — —
*4563 — La mort de Philoé.
*5427 — —
*6234 — —
6039 — Figures et choses qui passaient.
6236 — —
6040 — Fleurs d'ennui.
6041 — Reflets sur la sombre route.
6143 — Prime jeunesse.
6319 — La hyène enragée.
2653 LUBOMIRSKI. Scènes de la vie militaire en Russie.
3006 — Schelm.
4641 LUDANA. Les yeux clos.
3874 LUDWIG (Otto). Entre ciel et terre.
3939 — —
574 LURINE (Louis). Voyage dans le passé.
2480 — —
2676 LYAN (Max). Comme la plume au vent.
1660 MACÉ (G.). Un musée criminel.
2036 — Le service de la Sûreté.
2482 — Mes lundis en prison.
2780 — Un Cent-Garde.
4200 — Crimes impunis.
5983 MACHARD (A.). Poucette, ou le plus jeune détective du monde.
447 MADELAINE (M. DE LA). La grande prieure du Malte. 2 v.
696 MADELAINE (Stéphen DE LA). Le secret d'une renommée.
2483 MADELEINE. Lettres d'une honnête femme.
5738 MADELÈNE (Jules DE LA). Brigitte.
4792 MADELÈNE (Henry DE LA). Les fonds perdus.
5783 — Contes comtadins.
1735 MAËL (Pierre). Honneur, Patrie.
4364 — Fleurs fanées.
2014 — Le mystère.
2017 — —
2220 — —
2015 — La vengeance. (*Suite*).
2022 — —
4365 — —
2021 — Flot et jusant.
2042 — Les lurons de la Jeanne.

3424 Maël (Pierre). Les lurons de la Jeanne.
4386 — —
401 — Julia la louve. (*Suite*).
6408 — —
2046 — Sauveteur.
4828 — —
2048 — Erreur d'amour.
4644 — —
3232 — Un roman de femme.
4475 — —
2055 — Le bois d'amour.
2056 — Castel rouge. (*Suite*).
4642 — Amour d'Orient.
5232 — —
5371 — —
3479 — Eva et Lilian.
4645 — Femme d'artiste.
5956 — —
5167 — Martyre d'un cœur.
2253 — Terre d'héroïsme. (*Suite*).
5168 — —
2045 — Pour l'amour.
4398 — —
5957 — Ce que chante l'amour.
4893 — Le sous-marin « Le Vengeur »
5031 — Petite fille d'amiral.
2896 — Mer sauvage.
5233 — —
3216 — Crépuscule d amour.
3219 — Pilleurs d'épaves.
4058 — —
*3480 — La robe-qui-tue.
3492 — Mer bleue.
5372 — —
4059 — La main d'ombre.
4591 — Un manuscrit.
4592 — Amours simples.
5958 — —
4643 — Terre de fauves.
5080 — Seulette.
8032 — —
4829 — Au pays du mystère.
5032 — —
2795 — Dernière pensée.
5081 — —
5270 — —
5373 — —
5079 — Le torpilleur 29.
5467 Les derniers hommes rouges.
5959 — Pas de dot.
6397 — Fille de roi.
8072 — Le talisman.
2830 Maeterlinck (M.). Les sentiers dans la montagne.
1733 Magherini-Graziani. Le Diable (mœurs toscanes).
1747 Magnus (Eusèbe). Les derniers jours de la terre.

3235 MAHALIN (Paul). Un drame sous l'Empire.
5784 — Au bal masqué.
1797 MAILLARD (Firmin). Les derniers bohêmes.
1234 MAINDRON (Maurice). Le carquois.
1392 — Le tournoi de Vauplassans.
1393 — Blancador l'avantageux.
1394 — L'arbre de science.
2998 — La gardienne de l'idole noire.
4532 — Saint Cendre.
4533 — Monsieur de Clérambon.
2924 MAIRE (Félix). La Topette et Gobéa.
1478 MAIRET (Jeanne). Artiste.
2487 MAISONNEUVE (Henry). Réhabilitée.
2488 — Louisette.
4288 MAISTRE (P.). Dans la brousse australienne.
1472 MAIZEROY (René). La fin de Paris.
1473 — Souvenirs d'un Saint-Cyrien.
4372 — Le reflet.
2108 — Joujou.
2489 — Journal d'une rupture.
2777 — Au régiment.
2779 — La fête.
1327 — La dernière croisade. Vava Knoff.
3991 — Petite Reine.
4178 — Souvenirs d'un officier.
5402 — L'ange.
5739 — Trop jolie.
5861 — Chérissime.
2490 MAJENDIE (lady M.). Sur la piste.
5740 MALIC (Jean). Amour, amour !
501 MALLEFILLE (Félicien). Le capitaine La Rose.
60 MALOT (Hector). Baccara.
4947 — —
6272 — —
6515 — —
132 — Le lieutenant Bonnet.
6516 — —
133 — Les amours de Jacques.
5082 — —
6287 — —
134 — Les batailles du mariage. 3 *vol.*
4075 — — 3 *vol.*
136 — Les besogneux.
138 — Clotilde Martory.
139 — Madame Obernin.
140 — Marichette. 2 *vol.*
4649 — — 2 *vol.*
*141 — Romain Kalbris.
420 — Un mariage sous le second Empire.
3335 — La belle madame Donis. *(Suite).*
6271 — —
*706 — Sans famille. 2 *vol.*
*3950 — — 2 *vol.*
*6202 — — 2 *vol.*
745 — Les millions honteux.

806	Malot (Hector).	Une femme d'argent.	
1280	—	—	
*830	—	La petite sœur.	2 *vol.*
*4803	—	—	2 *vol.*
*6512	—	—	2 *vol.*
876	—	Paulette.	
6596	—	—	
973	—	Un beau frère.	
5271	—	—	
6276	—	—	
983	—	Un curé de province.	
2466	—	—	
5741	—	—	
6274	—	—	
10[illegible]2	—	Un miracle. *(Suite).*	
2467	—	—	
2857	—	—	
974	—	Cara.	
977	—	Le docteur Claude.	2 *vol.*
3768	—	—	2 *vol.*
988	—	Le mari de Charlotte.	
989	—	Conscience.	
1268	—	—	
5133	—	—	
6514	—	—	
990	—	La bohême tapageuse.	3 *vol.*
4476	—	—	3 *vol.*
5132	—	—	3 *vol.*
6517	—	—	3 *vol.*
991	—	L'auberge du monde.	4 *vol.*
3332	—	—	4 *vol.*
1216	—	Amours de jeunes.	
1241	—	Séduction.	
6513	—	—	
1266	—	Mariage riche.	
*1281	—	Ghislaine.	
*4400	—	—	
*5150	—	—	
4380	—	Zyte.	
4948	—	—	
5151	—	Micheline.	
1257	—	Mondaine.	
2232	—	—	
1259	—	Vices-français.	
2231	—	—	
1282	—	Le sang bleu.	
3334	—	—	
4804	—	—	
5374	—	—	
1594	—	Les époux.	
4949	—	—	
1595	—	Les enfants.	
6273	—	—	
5375	—	Mère.	
1754	—	La fille de la comédienne.	

4356 MALOT (Hector). La fille de la comédienne.
5742 — —
1516 — L'héritage d'Arthur.
3333 — —
1653 — Amours de vieux.
4032 — —
1789 — Le roman de mes romans.
1932 — Les amants.
3531 — —
6275 — —
1933 — Justice.
4646 — —
2284 — Le mariage de Juliette.
2298 — Une belle-mère. (*Suite*).
2781 — Anie.
4648 — Souvenirs d'un blessé. 2 *vol.*
4647 — Pompon.
5052 — —
5235 — —
4950 — En famille. 2 *vol.*
6286 — Ida et Carmélita.
2491 MALOT (Mme H.). L'amour dominateur.
4650 — La beauté.
3005 MAZONI (Alessandro). Les fiancés. 2 *vol.*
484 MAQUET (Charles). Les orages de la vie.
5743 — Voyages au pays bleu.
151 MAQUET (Aug.). La maison du baigneur. 2 *vol.*
1508 — Les vertes feuilles.
1511 — L'envers et l'endroit. 2 *vol.*
1887 — Dettes de cœur.
1888 — Le beau d'Angennes.
1902 — Le comte de Lavernie. 3 *vol.*
3797 — La rose blanche.
5008 MAQUET (Philippe). Mademoiselle don Quichotte.
5428 — —
6386 MARANT (René). Batouala.
6387 — —
2193 MARANCOUR (DE). Confessions d'un commis-voyageur.
5785 — La rouge et la noire.
1135 MARC (Gabriel). Liaudette.
3750 MARCAGGI (J. B.). Fleuve de sang.
693 MARCEL (Et.). Histoire d'une corbeille de noces.
5744 MARCEL (Mme Jeanne). L'école buissonnière.
1270 MARCELLY (William). La conquette de Marie.
235 MARCHAND (V.). L'utopiste.
3051 MARCHI (Emilio DE). L'accusateur imprévu.
3748 — Demetrio Pianelli.
2494 MARÉCHAL (Mlle Marie). La dette de Ben-Aïssa.
5403 — Un mariage à l'étranger.
1795 MARGERIE (Eugène DE). La légende d'Ali.
2495 MARGUERITTE (général). Chasses de l'Algérie.
1681 MARGUERITTE (Paul). Nous les mères.
1604 — Pascal Gefosse.
6520 — —
*1729 — Ma grande.

*1737 MARGUERITTE (PAUL). Ma grande.
1730 — Simple histoire.
6521 — —
3163 — La lanterne magique.
4514 — La mouche.
4543 — Les jours s'allongent.
4700 — La faiblesse humaine.
5326 — Sur le retour.
3421 — La flamme.
6122 — —
8029 — —
8082 — —
6203 — Le sceptre d'or.
6295 — L'essor.
6398 — Sous les pins tranquilles.
8068 — Les Fabrecé.
*906 MARGUERITTE (Victor). Le petit roi d'ombre.
*6399 — —
*6522 — —
3937 — Le talion.
2884 — L'or.
4137 — —
4877 — Les frontières du cœur.
4992 — —
8006 — Jeunes filles.
8092 — Leïlah.
1889 MARGUERITTE (P. et V.). Le désastre.
3426 — —
3749 — —
4385 — —
1938 — Le poste des neiges.
3765 — —
1969 — Les tronçons du glaive.
3427 — —
*1996 — Les braves gens.
*3425 — —
4409 — Les deux vies.
2075 — Le jardin du roi.
*2683 — L'eau souterraine.
*4651 — —
*6330 — —
*6519 — —
2685 — La Commune.
2872 — Le prisme.
2981 — —
6518 — —
*3205 — Zette.
*5205 — —
3984 — Vanité.
*4124 — Poum.
4593 — Le carnaval de Nice.
4594 — Femmes nouvelles.
4702 — Sur le vif.
2496 MARINCOURT (René DE). Pendant l'orage.
3799 — Le combat des treize.

2926 MARIO (Marc). Déserteur.
2831 MARLITT (E.). Chez le conseiller 2 *vol.*
2927 — Barbe bleue.
*3875 — Elisabeth aux cheveux d'or. 2 *vol.*
*3876 — La petite princesse des bruyères. 2 *vol.*
5404 — La seconde femme. 2 *vol.*
84 MARMIER (Xavier). Le roman d'un héritier.
287 — L'avare et son trésor.
292 — Hélène et Suzanne.
858 — Les drames intimes.
971 — Les mémoires d'un orphelin.
972 — Histoire d'un pauvre musicien.
1495 — Histoires allemandes.
1503 — Les sentiers périlleux.
2497 — Au bord de la Néva.
2498 — Les âmes en peine.
2655 — Les hasards de la vie.
2783 — Drames du cœur.
2851 MARNI (J.). A table.
2853 — Comment elles nous lâchent.
2854 — Les enfants qu'elles ont.
4595 — Celles qu'on ignore.
6277 — Pierre Tisserand.
8012 — Amour coupable.
6181 MARTEL (Tancrède). Rien contre la Patrie.
1927 MARY (J.). Les aventures de Fanchon. 2 *vol.*
2016 — Les dernières cartouches. 2 *vol.*
5920 — — 2 *vol.*
2782 — Les pigeonnes.
1265 — Les briseurs de chaînes.
2855 — —
1274 — La bande des trois. (*Suite*).
2856 — —
4545 — Crime de passion.
4477 — Les deux amours de Thérèse.
4746 — Diane-la pâle.
4747 — Le boucher de Meudon.
4748 — La fille sauvage.
4749 — La jolie fugitive. (*Suite*).
4762 — L'ami du mari.
4858 — Le fruit défendu.
4859 — La revanche de Rose-Manon. (*Suite*).
5921 — La course au bonheur.
5922 — Mademoiselle Guignol. 2 *vol.*
6008 — Mortel outrage. 2 *vol.*
2018 MARYAN. Guénola.
3532 — Le roman d'une héritière.
4726 — L'épreuve de Minnie.
6168 — La maison de famille.
6169 — Méprise.
6170 — La villa des colombes.
6502 — Ce que peut l'argent.
6503 — Mlle de Kervallez. Un legs.
6505 — L'envers d'une dot. Anne de Valmoët.
6507 — Primavera.

1252 Masson (Michel). Le dévouement.
1749 — Les contes de l'atelier.
1775 — Daniel le lapidaire.
2241 Masson-Forestier. Remords d'avocat.
2242 — Angoisses de juge.
3230 — La jambe coupée.
3266 — Pour une signature.
4831 — L'attaque nocturne.
4832 — Une flambée d'amour.
2031 Matthey (A.-A.). Le serment d'une mère.
4478 — La princesse Belladone.
4479 — Les noces d'Odette. (*Suite*).
4573 — Vengeance secrète.
4652 — Le corps d'Elisa.
5152 — Jean-la-Flème.
5747 — L'apparition.
2499 Mauclair (Camille). Le soleil des morts.
2858 — Les mères sociales.
1308 Maupassant (Guy de). Histoire d'une fille de ferme.
1309 — Mademoiselle Fifi.
1311 — Bel-Ami.
4382 — —
6400 — —
1312 — Une vie.
2238 — —
1313 — Notre cœur.
6016 — —
1314 — Au soleil.
5748 — La petite Roque.
1317 — Mont-Oriol.
2222 — —
4805 — —
5972 — —
1318 — Pierre et Jean.
5749 — —
5750 — —
6523 — —
1461 — Fort comme la mort.
3239 — —
5272 — —
1476 — L'inutile beauté.
5083 — —
1519 — Yvette.
3992 — —
4060 — —
1722 — La main gauche.
1778 — Les sœurs Rondoli.
3428 — —
1939 — Le père Milon.
3247 — —
4480 — —
6278 — —
1954 — Le colporteur.
3796 — —
5751 — —

1967 MAUPASSANT (Guy DE). Les dimanches d'un bourgeois de Paris.
2200 — Le rosier de Madame Husson.
8046 — —
2501 — Contes du jour et de la nuit.
2673 — La vie errante.
8047 — —
2674 — Clair de lune.
3378 — Sur l'eau.
4515 — Hautot père et fils.
4516 — Ce cochon de Morin.
4750 — Contes choisis.
3604 — Misti.
3621 — Contes de la Bécasse.
6279 — Le Horla.
6524 — —
8048 — L'héritage.
5429 MAUREY et JUBIN. Les aventures de Mr Haps.
4860 MAUZENS (Frédéric). Le coffre-fort vivant.
4861 — Les écumeurs de salons.
4862 — Panajon, Canaille et Cie.
4863 — La fille du milliardaire. (*Suite*).
4086 MAY (Karl). Les pirates de la mer Rouge.
600 MAYAC. Cendra.
252 MAYNE-REID. Les chasseurs de chevelures.
3982 — —
280 — L'habitation du désert.
4895 — —
2504 — A la mer.
3336 — —
4376 — —
4377 — —
2859 — Le doigt du destin.
2963 — Le gantelet blanc. 2 *vol.*
3879 — —
2964 — Les peuples étranges.
6509 — —
2965 — Les grimpeurs de rochers.
2966 — Les exilés dans la forêt.
3053 — Les partisans.
*3137 — La piste de guerre.
*6401 — —
3181 — Océola, le grand chef des Séminoles.
*3579 — Les chasseurs de girafes.
*3882 — —
*3940 — —
3580 — Le chasseur de plantes.
3581 — Les naufragés de l'île de Bornéo.
3877 — La baie d'Hudson.
3878 — Les tirailleurs au Mexique.
3880 — Bruin ou les chasseurs d'ours.
3881 — La quarteronne.
3883 — William le mousse.
3968 — Le désert d'eau dans la forêt.
4289 — Etranges aventures.

4704 MAYNE-REID. Les planteurs de la Jamaïque.
4705 — Les jeunes esclaves.
4951 — A fond de cale.
4952 — Pierre qui roule.
499 MAYNIEL (C.). Contes du pays d'Oc.
2505 MAZON (A.). Le vieux musicien.
5752 MEIGNAN (Victor). Le comte Kappyanyi.
1061 MELVIL (Francis). Marcel Campagnac.
1753 MENDÈS (Catulle). Les mères ennemies.
2860 — L'homme orchestre.
3928 MENDÈS (Judith). Le dragon impérial.
241 MERAY (Antony). Violette.
2353 MÉRÉJKOWSKY (DE). La mort des dieux.
6573 — Le mystère d'Alexandre Ier.
6574 — Le roman de Léonard de Vinci.
1306 MÉRIMÉE (Prosper). Carmen.
1307 — Chronique du règne de Charles IX.
3272 — —
347 — Lettre à une inconnue. 2 *vol.*
2037 — — 2 *vol.*
2506 — Dernières nouvelles.
4653 — Colomba.
6225 — —
3291 — Mosaïque.
1462 MÉROUVEL (Charles). Le krach.
2028 — Rochenoire. 2 *vol.*
2109 — La vierge de la Madeleine.
3533 — —
2140 — Ville maudite. 2 *vol.*
3175 — Le péché de la générale.
3233 — —
4064 — —
3493 — Femme de chambre.
4276 — Thermidor. I. Jean-la-mort.
4277 — — II. Le drame d'Argouges.
4481 — Jenny Fayelle.
4654 — La comtesse Hélène.
5055 — Le docteur Mont-Dore.
5273 — Un lys au ruisseau.
5753 — Monsieur le marquis.
251 MÉRY (Jules). Nouvelles nouvelles.
183 — André Chénier.
184 — Le dernier fantôme.
185 — La Floride.
186 — Les nuits italiennes.
113 — L'assassinat. Une nuit du Midi.
360 — Les nuits anglaises.
665 — La guerre du Nizam.
882 — Une conspiration au Louvre.
1172 — Ursule.
1276 — Une histoire de famille.
1278 — Le château vert.
1291 — Le château des Trois-Tours.
1481 — Les damnés de l'Inde.
2510 — La chasse au Chastre.

2512 Méry (Jules). Un crime inconnu.
2513 — Les nuits espagnoles.
5754 — La Juive au Vatican.
5865 — Débora. (*Suite*).
5755 — La Vénus d'Arles.
1621 Mettais (docteur). Les amours d'un tribun.
4484 — L'an 5865.
5753 — Le secret des catacombes.
5756 — Simon le magicien.
2111 Méténier (Oscar). Barbe-bleue.
2112 — Marcelle.
2203 — Le beau monde.
1140 Meurice (Paul). Les tyrans de village.
3976 Meyer-Forster. Le baron de Hiedenstamm.
3751 Meyrac (Albert). Les contes de nos aïeux.
1728 Michel (Louise). Le monde nouveau.
3398 Michelet (Mme J.). Mémoires d'un enfant.
498 Michiels (Alfred). Contes des montagnes.
850 — Les chasseurs de chamois.
4403 Mignot (Cl.). Le crime de la rue de la Boucherie.
4404 — —
1510 Millanvoye. Les coquines.
5110 Mille (Pierre). Sur la vaste terre.
6280 — Louise et Barnavaux.
6311 — Trois femmes.
3884 Minturn (William). Le somnambule.
6171 Miomandre (F. de). L'aventure de Thérèse Beauchamps.
719 Mirbeau (Oct.). Chez l'illustre écrivain.
4518 — La 628-E. 8.
5757 Mirepoix. Chroniques du péché.
244 Mocquard. Jessie. 2 *vol.*
522 Moinaux (Jules). Les gaietés bourgeoises.
1629 — Le monsieur au parapluie.
3494 — Les tribunaux comiques. (1re *série*).
4045 — — —
1670 — — (2e *série*).
1671 — Le bureau du commissaire.
1284 — Causes grasses et causes salées.
2516 — —
4605 — Le monde où l'on rit.
4656 — —
2517 Molé-Gentilhomme. Le comte de Carmagnola.
193 Molènes (P. de). Caractères et récits du temps.
1324 — Palotte.
5758 — L'amant et l'enfant.
5759 — Chronique contemporaine.
835 Monnier de la Motte. Une justice de femme.
3798 Monnier (Marc). Le roman de Gaston Renaud.
5760 — Un détraqué.
422 Monselet (Charles). Les amours du temps passé.
804 — Les femmes qui font des scènes.
918 — Les annés de gaieté.
957 — Scènes de la vie cruelle.
6510 — —

2518 MONSELET (Charles). Les souliers de Sterne.
4721 — La franc-maçonnerie des femmes.
4722 — Les mystères du boulevard des Invalides. (*Suite*).
5761 — François Soleil.
1968 MONTÉGUT (Maurice). La fraude.
2369 — L'ami d'enfance.
3977 — Du pain.
8084 — —
3978 — Dans la paix des campagnes.
4657 — La peau d'un homme.
5763 — Mademoiselle Personne.
5764 — La faute des autres.
6597 — Le mur.
8035 — La mère patrie.
8083 — Les archives de Guibray. Dans la paix des campagnes.
1560 MONTEIL (Edgar). Henriette Grey.
6335 — Cornebois.
4475 MONTEL (Joseph). Le noir et le bleu.
472 MONTÉPIN (Xavier DE). Le ventriloque. 3 *vol.*
852 — La belle Angèle. 2 *vol.*
5134 — — 2 *vol.*
877 — Rigolo. (*Suite*). 2 *vol.*
5135 — — 2 *vol.*
5136 — Les yeux d'Emma-Rose. (*Suite*). 2 *vol.*
1009 — La fille de Marguerite. 6 *vol.*
1017 — Le mariage de Léone. 4 *vol.*
1033 — Le fiacre n° 13 : I. Abel et Berthe. 2 *vol.*
1034 — — II. L'orpheline. 2 *vol.*
1035 — — III. Jean Jeudi. 2 *vol.*
1038 — Les drames de l'épée. 2 *vol.*
1039 — Les tragédies de l'épée. (*Suite*). 4 *vol.*
1296 — Geneviève Galliot.
1300 — Les amours d'un fou.
5234 — —
1458 — Les pantins de Madame le Diable. 2 *vol.*
1459 — La maison des mystères. (*Suite*). 2 *vol.*
4235 — — 2 *vol.*
1460 — Un drame à la Salpêtrière (*Fin*). 2 *vol.*
4236 — — 2 *vol.*
1895 — Simone et Marie. 6 *vol.*
2115 — Le gros lot. 3 *vol.*
4367 — — 3 *vol.*
2216 — La Mayeux. 2 *vol.*
4368 — — 2 *vol.*
2117 — Le mari d'Hélène. (*Suite*). 2 *vol.*
4369 — — 2 *vol.*
2234 — Le mariage de Lascars. 2 *vol.*
2235 — Les pirates de la Seine. (*Suite*). 2 *vol.*
2519 — Les viveurs d'autrefois.
3206 — L'amant d'Alice.
6007 — Le secret de la comtesse. 2 *vol.*
4408 — La maîtresse du mari. Une passion. 2 *vol.*
5765 — La perle du Palais-Royal.

8028 MONTÉPIN (Xavier DE). Les drames de l'adultère. 3 *vol.*
8059 — Le médecin des pauvres.
1366 MONTET (Joseph). La vie fantasque.
455 MONTOLIEU (Mme DE). Le Robinson suisse. 2 *vol.*
3176 MOREAU (Hégésippe). Le myosotis.
2520 MOREAU-VAUTHIER (Ch.). Le sentier du mariage.
746 MOREL (Henri). Hélène Brunet.
2523 MORNAND (Félix). L'année anecdoctique.
4406 MORPHY (Michel). Mignon. 5 *vol.*
4407 — Les noces de Mignon. 6 *vol.* —
5111 MORSANG (Alain). Le lierre.
1597 MOSELLY (Emile). Les grenouilles dans la mare.
6247 — —
*3221 — Jean des Brebis.
4420 — Terres lorraines.
*4544 — Le rouet d'ivoire.
4070 MOTTA (Luigi). L'océan de feu.
833 MOUËZY (André). L'oncle de Danielle.
1803 — Mal assortis.
1816 — Les révoltes de Simone. —
575 MOUGENOT (F.). Un sabre.
2524 MOULIN (Martial). La confession d'un paysan.
5786 MOUREY (Gabriel). Monada. —
5787 — Les brisants.
5894 — Cœurs en détresse.
1483 MOUSSOIR (Georges). Songes creux.
2525 MOUTON (Eugène). Chimère.
4658 — Aventures de Marius Cougourdan.
5767 — L'affaire Scapin.
5788 MOUY (Ch. DE). Le roman d'un homme sérieux.
5766 MOYNIER (DE). Bohémiens et grands seigneurs.
5789 MOYNET (Georges). Entre garçons.
5768 MUÉNIER (Alexis). Le comte de Soissons.
1958 MUHLFELD (Lucien). La carrière d'Andrée Tourette.
2141 — Le mauvais désir.
2142 — L'associée.
3752 MULÉ (Antonin). La maison de Jean Fourcat.
4486 — La vie cruelle.
245 MULLER (Eugène). La Driette.
905 — La Mionette.
3279 — —
1310 — Pierre et Mariette.
2526 — Madame Claude.
4487 — Le père Victor.
218 MÜRGER (Henry). Les vacances de Camille.
561 — Le pays latin.
642 — —
562 — Scènes de campagne.
563 — Scènes de la vie de jeunesse.
564 — Scènes de la vie de bohême.
4034 — —
6402 — —
565 — Propos de ville et propos de théâtre.
800 — Les buveurs d'eau.
1987 — —

1011 Mürger (Henry). Le sabot rouge.
1388 — Dona Sirène.
1395 — Madame Olympe.
6511 — —
2527 — Le dernier rendez-vous.
4489 — Le roman de toutes les femmes.
6548 — —
296 Musset (Alfred de). Contes.
270 — La confession d'un enfant du siècle.
3220 — Nouvelles.
2528 Musset (Paul de). Extravagants et originaux du 17e siècle.
2529 — Lui et elle.
2530 — Histoire de trois maniaques.
2531 — La table de nuit.
2532 — Une vie du diable.
2656 — Le maître inconnu.
3138 — La bavolette.
5769 — Le nouvel Aladin.
1304 Nadar. Quand j'étais photographe.
4751 — Le miroir aux alouettes.
405 Nansouty (Max de). Fantasias.
1067 Narjoux (Félix). Le ministère de Martial Ravignac.
1068 — Monsieur le député de Chavone.
1069 — Monsieur le préfet des Hauts-Monts.
3430 Narquet (Louis). Clara de Valor.
6187 Naurouze (J.). L'otage.
75 Navery (Raoul de). L'odyssée d'Antoine.
2533 — Le marquis de Pontcallec.
2534 — Les chevaliers de l'écritoire.
5237 — Avocats et paysans.
1500 Nazim (Georges). Rastaquouères.
4706 Nerra. Thérèse.
1153 Nerval (Gérard de). Le marquis de Fayolle.
2935 — —
1438 — Lorely.
1447 — Le prince des sots.
2536 — La bohême galante.
2537 — Souvenirs d'Allemagne.
2538 — Les filles du feu.
4596 — Sylvie.
4603 — Aurélia.
2861 Nervat (Marie). Histoire de Janine.
3541 Nesmy (Jean). Les égarés.
3764 Neuilliès (B.). L'idée de Ghislaine.
2581 Newill (Charles de). Nouveaux contes excentriques.
3139 — —
3273 Niemann (Auguste). La guerre universelle.
2073 Nigond (Gabriel). Gone.
5790 Noailles (Csse M. de). Domination.
985 Nodier (Charles). Contes fantastiques.
1110 — Romans.
2539 — La neuvaine de la Chandeleur.
2540 — Les sept châteaux du roi de Bohême.
2657 — —
5238 Noë (Michel). Monsieur le Premier.

21 NOGERET (Charles DE). Les amours vaincues.
553 NOIR (Louis). Souvenir d'un zouave.
1238 — L'auberge maudite.
1405 — La Vénus cuivrée.
2541 — Jean Chacal.
1323 NOLIS (Robert). Mirage d'amour.
1326 — Deuil de Cœur.
5985 NOLL (Louis). Estrées-Blanche.
568 NORIAC (Jules). Le grain de sable.
573 — La bêtise humaine.
1024 — Le 101e régiment.
1435 — La falaise d'Houlgate.
2034 — La comtesse de Bruges (*Suite*).
1578 — Le chevalier de Cerny (*Suite et fin*).
1562 — Le capitaine Sauvage.
1770 — Mémoires d'un baiser.
2542 — Sur le rail.
4378 — —
2967 — Le plumeur d'oiseaux.
3285 — Mademoiselle Poucet.
5770 — Les gens de Paris.
6150 NORDMANN (Ch.). A coup de canon.
1071 NORMAND (Jacques). La madone.
2543 NOSSOFF (Serge). La Russie comique.
1316 NOUSSANNE (H. DE). Le château des merveilles.
2978 — Roman pour ma fiancée.
5430 — Un jeune homme chaste.
7571 — Robert Villon.
5772 NYON (Eugène). Les aventures de Joachim.
1470 OCAMPO (Armand). Une passion.
59 OHNET (Georges). Les dames de Croix-Mort.
375 — —
2986 — —
4037 — —
4662 — —
6529 — —
*261 — Serge Panine.
*659 — —
*1212 — —
*3433 — —
*6404 — —
109 — La grande Marnière.
4569 — —
5342 — —
6403 — —
331 — La fille du député.
2732 — —
*362 — Volonté.
*1202 — —
*3008 — —
*3286 — —
*5376 — —
*6605 — —
915 — La comtesse Sarah.
3199 — —

4035 OHNET (Georges). La comtesse Sarah.
4491 — —
6530 — —
*1020 — Lise Fleuron.
*1581 — —
*2658 — —
*3225 — —
*5341 — —
*1120 — Noir et rose.
*1319 — —
*5773 — —
*6532 — —
1258 — Le docteur Rameau.
3761 — —
4953 — —
5989 — —
6531 — —
1283 — Dernier amour.
4381 — —
6009 — —
1725 — La dame en gris.
4383 — —
4976 — —
1883 — Les vieilles rancunes.
4660 — —
6528 — —
1951 — Gens de noce.
4597 — —
1955 — Le droit de l'enfant.
4783 — —
5377 — —
1960 — La ténébreuse.
4660 — —
1979 — Les brasseurs d'affaires.
1997 — Le crépuscule.
3477 — —
6126 — —
2051 — Le lendemain des amours.
3805 — —
2026 — Le curé de Favières.
3140 — —
5378 — —
6534 — —
4896 — Dette de haine.
5862 — —
2160 — Marchand de poison.
3432 — —
5774 — —
6525 — —
*2205 — L'âme de Pierre.
*5275 — —
*5379 — —
*6533 — —
2544 — L'inutile richesse.
4835 — —

6050 OHNET (Georges). L'inutile richesse.
4039 — Nemrod et Cie.
4954 — —
2746 — Le chemin de la gloire.
4975 — —
123 — Au fond du gouffre.
2862 — —
3260 — —
6536 — —
2863 — Roi de Paris.
4834 — —
2982 — La conquérante.
5084 — —
3162 — L'aventure de Raymond Dhautel.
6537 — —
*3547 — La dixième muse.
*5274 — —
*5775 — —
*3993 — Le maître de forges.
*4490 — —
*4730 — —
*5340 — —
*6527 — —
3578 — Cœurs en deuil.
5276 — —
5776 — —
4525 — La route rouge.
4677 — Un mariage américain.
5924 — —
5960 — —
4757 — Pour tuer Bonaparte.
4836 — La marche à l'amour.
6535 — —
6057 — La Serre de l'aigle.
5112 OLLIVANT, (Al.). Bob fils de Bataille.
1178 OLIVET (Fabre D'). Le chien de Jean de Nivelle.
1528 O'MONROY (Richard). Le club des braconniers.
1800 — Souvent homme varie.
2019 — Tout en rose.
2578 — Monsieur Mars et Madame Vénus.
5791 — Quand j'étais capitaine.
5891 — Un peu ! beaucoup ! passionnément.
5254 ORGET (G. D'). Les grands pauvres.
1624 O'RELL (Max). L'ami de Mac Donald.
2785 — John Bull et son île.
3886 — —
3887 — Les filles de John Bull.
3753 — Femme et artiste.
2885 — Les chers voisins !
2864 ORINO (Ch. D'). Contes de l'eau-delà.
875 OSWALD (F.). Le trésor des Bacquancourt.
3141 OTTOLENGUI. Artiste ès-crimes.
1834 OUIDA. Lady Tattersall.
2665 — Fille du diable. 2 vol.
3194 — Amitié.

3888 OUIDA. Deux petits sabots.
4574 — Scènes de la vie de château.
5137 — Othmar. 2 *vol.*
196 OURLIAC (Edouard). Les Garnaches.
2545 — Les portraits de famille.
4784 — Les confessions de Nazarille.
2546 PAGAT (Henri). Les funérailles de l'argent.
776 PAGÈS (Alphonse). Hélène Rolland.
3274 PALLU (Léopold). Les gens de mer.
5113 PARDO-BAZAN (Csse DE). Mère Nature.
5792 PARFAIT (Paul). Les audaces du Ludovic.
2659 PARSEVAL-DESCHÊNES. Pascaline.
6145 PASCAL (Félicien). L'ombre sur le bonheur.
1534 PAULHAGUET. Poris Trofimoff.
2547 PAVIE (Théodore). Récits de terre et de mer.
5998 PAWLOWSKI (G. DE). Voyage au pays de la 4e dimension.
1183 PELADAN (Joséphin). La Queste du Graal.
1537 — Le vice suprême.
1564 — Finis latinerum.
1567 — La terre du Christ.
1572 — La vertu Suprême.
2865 — Mélusine.
495 PELLERIN (Georges). Le monde dans 2.000 ans.
66 PELLETAN (Eugene). Le pasteur du désert.
98 — La naissance d'une ville.
749 PÈNE (H. DE). Trop belle.
1442 — Née Michon.
3806 — —
1457 — Demi-crimes.
4327 — —
704 PARCEVAL (Victor). Les feux de paille.
3337 — —
895 — La dot de Geneviève.
2548 — Monsieur le maire.
3735 PEREDA (J.-M. DE). Sotileza.
6042 PERGAUD (Louis). De Goupil à Margot.
6380 PERNETTE (Gille). Un amour.
*6172 PEROCHON (Ernest). Nène.
*6186 — —
*6320 — —
*6246 — Les Creux de maisons.
*6373 — Le chemin de la plaine.
1550 PERRET (Paul). Le mariage en poste.
1764 — L'amour éternel.
1774 — Mademoiselle de Plessé.
2029 — Les derniers rêveurs.
2207 — Sœur Sainte-Agnès.
2549 — Dame fortune.
2550 — Péché caché.
2551 — Madame Victoire.
*2552 — Les demoiselles de Liré.
4665 — —
2553 — Thérèse Vaubecourt.
2554 — Histoire d'un homme.
2866 — Casa Maris.

2867 PERRET (Paul). La robe.
5431 — Le droit à l'amour.
5961 — Par la femme.
6017 — La belle Renée.
6018 — Manette André.
6353 — Les amours sauvages.
1484 PERRIÈRES (Carle DE). Mémoires d'un sceptique.
3142 — Les amours d'un bandit.
3143 — Paris qui joue et Paris qui triche.
6180 PERROUT (René) Marius Pilgrin.
8013 PERT (Camille). Cœur d'orpheline.
5405 — Mariage rêvé.
2555 PÉTIS DE LA CROIX. Les mille et un jours.
4557 PETTIT (Charles). Déclassé.
756 PEYREBRUNE (Georges DE). Libres.
908 — Les ensevelis.
1821 — Polichinelle et Cie.
1823 — Jean Bernard.
2786 — Une décadente.
2868 — Une sentimentale.
3284 — Les trois Demoiselles.
5793 — Giselle.
2556 PHARAON (Florian). Madame Maurel.
2557 — Récits algériens.
2558 PHILIBERT DE TOURNUS. Récit d'un évadé d'Allemagne.
6388 PICARD (Gaston). La confession du chat.
102 PICHOT (Amédée). L'écolier de Walter Scott.
2559 PIERRET (Émile). En avant !
3393 PIFTEAU (B.). Une bonne fortune de François Ier.
1682 PIGAULT-LEBRUN. Monsieur Botte.
5863 PINARD (Albert). Le cocher Étienne.
5406 PITRAY (Mme DE). L'oiseau de passage.
2629 PLOUVIER (Édouard). Contes pour les jours de pluie.
2929 POE (Edgar). Histoires grotesques et sérieuses.
3889 — Euréka.
3890 — Aventures d'Arthur Gordon Pym.
3941 — —
4000 — Histoires extraordinaires.
4001 — —
1328 POLTORATZKI. Raïssa Paskalof.
1341 POMMEROL (Jean). L'haleine du Désert.
5169 — Les six filles de frau Soferl.
24 PONSON DU TERRAIL. Les gandins. 2 *vol.*
27 — La fée d'Auteuil.
4492 — —
31 — L'orgue de Barbarie.
847 — Les aventures du capitaine La Palisse.
4339 — L'auberge de la rue des enfants-rouges. 2 *vol.*
2206 — Les nuits de la maison dorée.
2560 — Les cosaques à Paris.
2561 — Le chambrion.
2565 — Le nouveau maître d'école.
2869 — Les amours d'Aurore. 2 *vol.*
3003 — La mère Michel.
3151 — Le castel du diable.

3434 PONSON DU TERRAIL. Le bal des victimes.
3495 — La messe noire. 3 *vol.*
4011 — Le capitaine Coquelicot.
4411 — —
4493 — Jeanne.
4575 — Le lion de Venise.
4604 — Le grillon du moulin.
4712 — La dame au gant noir.
1066 PONT-JEST (René DE). Le sang maudit : I. Jeanne Reboul. II. La comtesse Iwatcheff. III. La Louve. 3 *vol.*
1532 — La femme de cire.
*1820 — Le fleuve des perles.
1858 — La bâtarde.
2566 — Le Fire Fly.
2666 — Un drame en Russie.
3144 — Aveugle.
4184 — Divorcée.
5925 — Le mort qui se tue.
935 PONTMARTIN (A. DE). Mémoires d'un notaire.
1721 — La fin du procès.
2562 — Les jeudis de Mme Charbonneau.
2563 — Or et clinquant.
2564 — Mes mémoires.
5794 — Contes et nouvelles.
5795 — Le radeau de la Méduse.
5796 — Contes d'un planteur de choux.
5864 — Péchés de vieillesse.
1876 POTTSEVREZ. Tête rousse.
1878 — Les attentats de Modeste.
*4576 PORADOWSKA (Marguerite). Demoiselle Micia.
4073 PORRENTRUY (DE). Maurice.
4663 POURROT (Paul). Le choix de la femme.
4664 — Les deux familles.
871 POTHEY (Alexandre). Le capitaine Régnier.
1320 POUVILLON (Emile). Le roi de Rome.
1485 — Chante-Pleure.
4095 — —
2801 — Les Antibel.
2870 — Mademoiselle Clémence.
3369 — Petites gens.
3435 — Jean-de-Jeanne.
3436 — Jep.
1074 PRADEL (Georges). Pascale Nauriah.
1346 — Gaillardises.
2119 — Mauvaise étoile.
6358 — L'écaillère.
5035 PRADELS (Octave). La famille Boulot.
3754 PRADEZ (Eugénie). La revanche du passé.
728 PRAT (J. G.). Tealdo.
1102 PRÉVOST (l'abbé). Manon Lescaut.
3228 — —
1569 PRÉVOST (Marcel). La confession d'un amant.
3262 — —
1714 — Nouvelles lettres de femmes.

1853 PRÉVOST (Marcel). Dernières lettres de femmes.
2041 — —
5382 — —
1909 — Trois nouvelles.
1963 — Le Jardin secret.
2057 — —
3263 — —
2066 — Lettres à Françoise.
5036 — —
5381 — —
6408 — —
8088 — —
2067 — Les demi-vierges.
2074 — —
3276 — —
6409 — —
2237 — Notre campagne.
3437 — —
2381 — Monsieur et Madame Moloch.
3540 — —
5926 — —
2787 — L'automne d'une femme.
4955 — —
6405 — —
6538 — —
2788 — Cousine Laura.
3253 — —
3168 — Les vierges fortes : I. Frédérique.
3211 — —
4129 — — II. Léa.
4421 — —
3210 — Le pas relevé.
3249 — L'heureux ménage.
5380 — —
3250 — Le Scorpion.
6226 — —
3261 — Le domino jaune.
4707 — —
3271 — Lettres de femmes.
4065 — —
8089 — —
3870 — Féminités.
5432 — —
3999 — Pierre et Thérèse.
5114 — —
6254 — —
4126 — Femmes.
2660 — Mademoiselle Jaufre.
4434 — —
4526 — Lettres à Françoise mariée.
4539 — —
6407 — —
4553 — La fausse bourgeoise.
6603 — —
*5115 — Missette.

*5170 Prévost (Marcel). Missette.
5296 — Lettres à Françoise maman.
6153 — —
5992 — Les anges gardiens.
8069 — —
8071 — —
6406 — La nuit finira. 2e.
6411 — — 1er.
6410 — La princesse d'Erminge.
8007 — Poupette, Henriette Deraisme.
5051 Prost (Yvette). Catherine Aubier.
8095 Provins (Michel). Un roman de théâtre.
52 Psichari (Ernest). L'appel des armes.
1741 Quatrelles. La vie à grand orchestre.
2567 — 70 et 90.
2568 — Sans queue ni tête.
2569 — L'arc-en-ciel.
2570 — Tout feu, tout flamme.
3145 — Voyage autour du grand monde.
1779 Queyssie (Eug. de la). Acte de foi.
1796 Quinton (M. A.). Le dieu Plutus.
1635 Quiroul (Pierre). Gare les jambes !
1806 Rabusson (Henry). Fiancés.
2789 — L'épousée.
3807 — Bon garçon.
4708 — Le frein.
4763 — Idylle et drame de salon.
4837 — Le grief secret.
5383 — Les colonnes d'Hercule.
5797 — Hallali !
5798 — Préjugé ?
6281 — L'héroïque destinée.
717 Radiguet (Max). Les derniers sauvages.
2968 — —
4087 — —
6147 Rageot (Gaston). La faiblesse des forts.
8043 — La voix qui s'est tue.
8035 — Un grand homme. La voix qui s'est tue.
2061 Rambaud (Yveling). La vertu de Mlle Brichet.
4577 — Les quatre filles Aymon.
5800 — Les crimes impunis.
6043 Rambaud (Alfred). L'anneau du César. 2 vol.
5799 Raden (Jean). Parrain Pierre.
1499 Rameau (Jean). Simple.
2120 — L'amant honoraire.
2121 — Le satyre.
2122 — La demoiselle à l'ombrelle mauve.
2123 — La chevelure de Madeleine.
2733 — La blonde Lilian.
2734 — Mademoiselle Azur.
2735 — Le roman de Marie.
2747 — La jungle de Paris.
2790 — La montagne d'or.
4494 — La rose de Grenade.
2571 Ratazzi (Mme Urbain). Enigme sans clef

3929 RAYMOND (Mme Emmeline). Le legs.
2572 REBELL (Hugues). Baisers d'ennemis.
4770 REBOUX et MULLER. A la manière de... (1re et 2e *série*).
4934 — — (3e *série*).
4839 REBOUX (Paul). Le phare.
5116 — —
6204 — Le jeune amant.
6206 — La maison de danses.
2333 RECOLIN (Charles). Le chemin du roi.
2573 REEPMAKER. Calvaire.
2574 — La peine du dam.
1898 RÉGNIER (Henri DE). La pécheresse.
2223 — Esquisses vénitiennes.
4752 — Les vacances d'un jeune homme sage.
5927 — La double maîtresse.
6019 — Le passé vivant.
6119 — Romaine Mirmault.
6293 — Le mariage de minuit.
8030 — La flambée.
8097 — —
1546 REIBRACH (Jean). La gamelle.
1608 — Aller et retour.
2407 — A l'aube.
5892 — Le poison.
5893 — Un coin de bataille.
2682 RENARD (Jules). L'écornifleur.
3215 — Poil de carotte.
3496 — Bucoliques.
5801 — Croquis champêtres.
5324 RENAUDIN (Paul). Mémoires d'un petit homme.
5802 RENAUT (Emile). La perle creuse.
5803 — Histoire de quatre fous et d'un sage.
544 REVILLON (Tony). Le bon M. Jouvencel.
3782 — —
1589 — La bourgeoise pervertie.
1745 — Les aventures d'un suicidé.
4219 — Le faubourg Saint-Antoine.
262 RÉVOIL (B. H.). Les parias du Mexique.
4146 — Les parias du Mexique.
264 — Le dessus du panier.
2575 — Les harems du Nouveau-Monde.
2969 — L'ange des prairies.
3898 — Le pays des chimères.
201 REYBAUD (Louis). Jérôme Paturot à la recherche d'une position sociale.
3521 — —
480 — Jérôme Paturot à la recherche de la meilleure des républiques.
916 — Ce qu'on peut voir dans une rue.
2576 — La vie de l'employé.
2577 — Nouvelles.
5804 — Le coq du clocher.
5805 — La vie à rebours.
5806 — La vie de corsaire.
5807 — César Falempin.

5808 REYBAUD (Louis). Pierre Mouton.
353 REYBAUD (Mme Ch.). Espagnoles et Françaises.
302 — Le moine de Chaalis.
5894 — Le cabaret de Gaubert.
5895 — Sydonie.
5896 — Clémentine.
1586 RICARD (J.). La voix d'or.
1383 RICHE (Daniel). L'oiseau rare.
1390 — L'amusette.
4840 — —
2124 — Stérile.
2125 — Féconde.
2126 — Le charme d'amour.
2127 — Folie maternelle.
546 RICHEBOURG (Émile). Histoire d'un avare, d'un enfant et d'un chien.
1032 — Honneur et patrie.
4266 — —
2023 — Les martyrs du mariage.
2024 — Cœurs de femmes. *(Suite).*
2128 — Le secret d'une tombe.
2129 — La jolie dentellière. *(Suite).*
2131 — Le million du père Raclot.
3969 — —
5277 — —
3257 — Quarante mille francs de dot.
4088 — Deux mères.
4010 — Le fils. *(Suite).* 2 *vol.*
4956 — La belle organiste.
5963 — La comtesse Paule. 3 *vol.*
5809 RICHEBOURG et DE LYDEN. Les amoureuses de Paris. 2v.
4352 RICHEPIN (Jean). Césarine.
2579 — Miarka, la fille à l'ourse.
2736 — Flamboche.
3004 — La glu.
6384 — —
3251 — Lagibasse.
3287 — L'aîle.
6094 — Les braves gens.
4867 RIVET (Adolphe). Les derniers jours de Jérusalem.
532 RIVIÈRE (Henri). Pierrot-Caïn.
1052 — La jeunesse d'un désespéré.
1053 — Madame Näper *(Suite).*
1054 — Les fatalités *(Suite et fin).*
3498 — La main coupée.
1602 RIVIÈRE (B. DE). Par couple.
923 ROBERT (Adrien). Jean qui pleure et Jean qui rit.
1796 — Le nouveau roman comique.
2580 — Le combat de l'honneur.
3146 — Le radieux.
5897 — La princesse Sophie.
5898 — Léandres et Isabelles.
5899 — Les diables roses.
2582 ROBERT (Clémence). La fiancée de la cour.
4753 — La fontaine maudite.

423 ROBERT (Clémence). Le tribunal secret.
355 — Les francs-juges. (*Suite*).
357 — Le mont Saint-Michel.
424 — Le secret de maître André.
364 — La tour Saint-Jacques. (*Suite*).
365 — Les voleurs du Pont-Neuf.
431 — Tabarin (*Suite*).
432 — Un bandit gentilhomme. (*Fin*).
417 — La famille Calas.
452 — La chambre criminelle. (*Suite*).
4171 — —
478 — L'amoureux de la reine.
550 — Le marquis de Pombal. La fille de Damiens.
1114 — La fille de Satan.
1115 — La duchesse de Montbarre. (*Suite*).
1220 — Le trésor de Saint-Claude. (*Fin*).
322 — Les quatre sergents de la Rochelle.
479 — —
5900 — La pluie d'or.
5901 — La duchesse de Chevreuse.
5171 ROBERT (Jacques). Lettres d'un enfant.
2583 ROBERT (L.). Un drame au centre de l'Afrique.
2871 ROBERT (Louis DE). L'envers d'une courtisane.
4878 — Le roman du malade.
5964 — La reprise.
56 ROBIDA (A.). L'horloge des siècles.
3847 — —
2209 — Le vingtième siècle.
4373 — —
2584 — Voyages très extraordinaires de Saturnin Farandoul. 2 *vol.*
2585 — Mesdames nos aïeules.
2586 — Kerbiniou le très madré.
2791 — Le mystère de la rue Carême-Prenant.
3288 — La tribu salée.
1338 ROBINOT (Bertrand). Les songères.
1399 ROCHARD (Henri). Les deux Eves. 2 *vol.*
6321 ROCHEBRUNE (Mme DE). Le calvaire de l'Islam.
191 ROCHEFORT (Henri). Les Français de la décadence.
929 — La grande bohême.
930 — Les signes du temps.
1363 — Mademoiselle Bismarck.
4322 — —
1364 — Les naufrageurs.
1365 — L'aurore boréale.
1576 — La mal'aria.
3308 — —
2210 — L'évadé.
354 ROCHOUX (Armand). Le cœur et le code.
1130 ROD (Edouard). Palmyre Veulard.
1173 — La femme d'Henri Vanneau.
1959 — Au milieu du chemin.
2078 — L'ombre sur la montagne.
3966 — L'incendie.
4864 — La seconde vie de Michel Teissier.

5384 Rod (Edouard). Le ménage du pasteur Naudié.
6044 — La vie privée de Michel Teissier.
8034 — Le glaive et le bandeau.
2901 Rodenbach (Georges). Le rouet des brumes.
5810 Roë (A.). Papa Félix.
1224 Roger-Ballu. Une vie d'artiste.
4788 Rolland (Romain). Jean Christophe. 10 *vol.*
5174 — Clérambault.
6175 — Au-dessus de la mêlée.
6577 — Colas Breugnon.
5811 Rolland (Amédée). La foire aux mariages.
2080 Roqueplan (Nestor). Parisine.
63 Rosny (J. H). L'héritage.
1590 — L'amoureuse aventure.
1605 — Marc Fane.
1731 — Vamireh.
2027 — Le félin géant.
2678 — Le crime du docteur.
2748 — Le docteur Harambur.
2873 — Les deux femmes.
2874 — Le chemin d'amour.
2875 — Nell Horn, de l'armée du salut.
2876 — Le serment.
3183 — L'affaire Dérive.
3184 — Les retours du cœur.
5407 — —
3209 — L'indomptée.
3383 — Sous le fardeau.
3759 — L'aiguille d'or.
6210 — —
4530 — La vague rouge.
4772 — La guerre du feu.
4786 — Le millionnaire.
6294 — Vers la toison d'or.
8025 — La collectionneuse.
8026 — La toison d'or.
8086 — —
8073 — Le testament volé.
2287 Rossignol. Mémoires.
6322 Roubeau (C.). La morale grise.
2878 Roujon (Henry). Miremonde.
6155 Roujon (Jacques). Un homme si riche. !
5902 Rounat (Ch. de la). La comédie de l'amour.
5903 Rouslane (V.). Le juif de Sofievka.
5904 — Kira.
2059 Rousselle (Emile). Un ménage d'employé.
5965 Rouvre (Ch. de.). Princesse Esseline.
14 Roux (Marius). La poche des autres.
992 — La proie et l'ombre.
2062 Rouzé. Contes et légendes du houblon.
3930 Rude (Maxime). Le roman d'une dame d'honneur.
1229 — Une victime du couvent.
936 Rufini (comte). Mémoire d un conspirateur.
2587 Sacher-Masoch. Le legs de Caïn.
3892 — Sascha et Saschka.

2410 SAINT-AULAIRE (A. DE). Plus fort que l'amour.
2212 SAINTE-CROIX (Camille DE). Cent contes secs.
5255 SAINTE-CROIX (A. L. DE). Mademoiselle de Moron.
5905 SAINT-FÉLIX (J. DE). Les oiseaux de Clichy.
5906 — Les amoureux de la comtesse. —
5929 SAINT-GENEST. Octave, Toto, Riri. —
356 SAINT-GERMAIN (DE). La veilleuse.
2280 — Contes et légendes. 2 *vol.* —
240 SAINTINE. La belle cordière.
* 286 — Picciola.
*3289 — —
*4012 — — —
*5343 — — —
1766 — Les métamorphoses de la femme. —
*1802 — La mythologie du Rhin.
5812 — Chrisna.
5813 — Les trois reines.
1397 SAINT-JOUAN. Un arnachiste au régiment. —
848 SAINT-JUIRS. La Mauviette.
1920 SAINT-MAURICE (R.). Le recordman. —
68 SALES (Pierre). Le secret du blessé.
676 — Abandonnées. —
4196 — — —
1404 — Les habits rouges. —
1409 — Césarette. —
1424 — La course aux millions.
1880 — Les Madeleines.
4362 — — —
1930 — Le ruban rouge. 2 *vol.*
3837 — Viviane de Montmoran.
3838 — Marquis de Trévenec. (*Suite*).
4987 — L'enfant du péché.
4997 — Passions de jeunes filles. (*Suite*). —
4162 SALGARI. Les mystères de la jungle noir.
4163 — Les Robinsons italiens. —
4287 — La reines des Caraïbes. —
5814 SALOW. Nouvelles. —
2589 SAMAROW (Grégor). L'écroulement d'un empire. 2 *vol.*
87 SAMSON. Mémoires.
74 SAND (George). Antonia.
147 — L'homme de neige. 3 *vol.* —
156 — L'Uscoque. —
157 — Spiridion. —
171 — Lélia. 2 *vol.*
212 — Les beaux messieurs de Bois-Doré. 2 *vol.*
4140 — — 2 *vol.*
247 — Mont Revêche. 2 *vol.* —
6228 — — 2 *vol.* —
295 — Le compagnon du tour de France. 2 *vol.*
308 — André.
4152 — — —
349 — Les dames vertes.
4520 — — —
366 — Pierre qui roule.
995 — — —

372 Sand (George). Le beau Laurence. (*Suite*).
368 — Un hiver à Majorque. Spiridion.
369 — Césarine Dietrich.
370 — Impressions et souvenirs.
376 — Mademoiselle Merquem.
5819 — —
377 — Le chêne parlant.
459 — Les amours de l'âge d'or.
1113 — —
701 — Consuelo. 4 *vol.*
711 — — 4 *vol.*
837 — — 3 *vol.*
765 — La comtesse de Rudolstadt. (*Suite*). 2 *vol.*
844 — Le château des Désertes.
4128 — —
881 — Monsieur Sylvestre.
919 — Valvèdre.
1098 — Promenade autour de mon village.
497 — Tévérino. Leone Leoni.
1104 — —
1165 — —
4296 — —
6227 — Téverino.
1156 — Pauline.
1157 — Le meunier d'Angibault.
4300 — —
1159 — Lucrezia Floriani.
1160 — Flavie.
1161 — Jeanne.
1162 — Le Piccinino. 2 *vol.*
1164 — Horace.
4283 — La filleule.
4301 — —
1169 — Simon.
1170 — Narcisse.
1171 — Adriani.
1201 — Le péché de M. Antoine. 2 *vol.*
1347 — Lettres d'un voyageur.
6324 — —
2254 — Le marquis de Villemer.
3756 — —
2590 — Le château de Pictordu.
2591 — Elle et lui.
2792 — Les maîtres sonneurs.
2897 — La petite Fadette.
2898 — La mare au diable.
3553 — Flamarande.
1936 — Les deux frères. (*Suite*).
3757 — Jean de la Roche.
3758 — Mauprat.
3783 — Le diable aux champs.
3849 — La ville noire.
3850 — La famille de Germandre.
3292 — François le Champi.
3853 — —

4958 Sand (George). François le Champi.
5433 — Constance Verrier.
5817 — —
5815 — La dernière Aldini.
5816 — Les maîtres mosaïstes.
5818 — Francia.
6027 — Ma sœur Jeanne.
6028 — Tamaris.
6029 — Jean Zyska.
6296 — Le dernier amour.
311 Sand (Maurice). Callirhoé.
849 — Mademoiselle de Cérignan.
2593 — Le coq aux cheveux d'or.
361 Sandeau (Jules). Sacs et parchemins.
442 — —
443 — La maison de Pénarvan.
2101 — —
934 — Un héritage.
1103 — Catherine.
1988 — —
3784 — —
4295 — —
1141 — Le jour sans lendemain.
1142 — Mademoiselle de Kérouare.
1149 — Le château de Montsabrey.
*1175 — La roche aux mouettes.
4806 — Madeleine.
5344 — —
1391 — Un début dans la magistrature.
1668 — Le docteur Herbeau.
1771 — Fernand.
2103 — Valcreux.
2114 — Mademoiselle de la Seiglière.
5820 — Madame de Sommerville
1137 Sarcey (Francisque). Le piano de Jeanne.
1154 — Etienne Moret.
1155 — Les misères d'un fonctionnaire chinois.
2879 — Grandeur et décadence de Minon-Minette.
6176 Sarcey (Yvonne). Pour vivre heureux.
6325 — —
86 Sardou (Victorien). La perle noire.
29 Saunière (Paul). La succession Marignan.
2594 — Le père Brasero.
367 — Le capitaine Belle-humeur.
406 — —
371 — Dette d'honneur.
373 — Les écumeurs de rivières.
378 — Papa la Gratte.
820 — —
419 — Un gendre à tout prix.
629 — Maigrichonne.
808 — Madame Rabat-joie.
819 — La capote rose.
1355 — Le neveu d'Amérique.
1361 — Le secret de la Roche-Noire.

1496 SAUNIÈRE (Paul). La belle argentière. 2 *vol.*
1579 — Les chevaliers du saphir.
4330 — —
1583 — A travers l'Atlantique.
1592 — Deux rivales.
1665 — Le beau Sylvain. 2 *vol.*
4004 — —
2020 — Le connétable Colona.
3256 — Un drame sous la Régence.
4897 — Le chevalier Tempête.
5037 — Monseigneur.
5038 — Le secret d'or.
5056 — Le capitaine Marius.
5138 — La petite marquise.
5821 — La meunière du Moulin-galant. 2 *vol.*
6116 — Flamberge. 2 *vol.*
4495 SAUTON (Georges). Le mal d'argent.
5986 SAUVEY (Emile). Roger de Tôstes.
2931 SAUVIN (Georges). Doit-on aimer ?
3223 SAVAGE (colonel). Un mariage officiel.
5715 SAVIGNON (André). Filles de la pluie.
4529 SAZIE (Léon). Le pouce.
3208 SCARRON. Le roman comique.
2595 SCHEFFER (Robert). L'idylle d'un prince.
2596 — Misère royale.
3300 — Le chemin nuptial.
814 SCHOLL (Aurélien). Hélène Hermann.
1334 — Peines de cœur.
1552 — Les gens tarés.
1633 — Les cris de paon.
1761 — L'outrage.
2597 — Scènes et mensonges parisiens.
5823 — Les scandales du jour.
860 SCHULTZ (Jeanne). Jean de Kerdren.
5385 — Les fiançailles de Gabrielle.
5386 — La neuvaine de Colette.
5387 — —
6010 — Ce qu'elles peuvent.
6412 — Cinq minutes d'arrêt.
6413 — La maison de Sainte-Modestine.
5822 SCHURIN (Ossip) L'honneur.
2211 SCHWOB (Marcel). Le roi au masque d'or.
*2690 SCOTT (Walter). Waverley.
*3894 — —
*3942 — Guy Mannering.
*3951 — —
*2693 — Rob-Roy.
*2694 — Le nain noir. Les puritains d'Ecosse.
*3895 — —
*3896 — —
*2695 — Prison d'Edimbourg.
*2696 — La fiancée de Lammermoor.
*2697 — Ivanhoë.
*3943 — —
*2698 — Le monastère.

*3893 SCOTT (Walter). Le monastère.
*2699 — L'abbé.
*2700 — Kenilworth.
*2701 — Le pirate.
*2702 — Aventures de Nigel.
*2703 — Péveril du Pic.
*2704 — Quentin Durward.
*2705 — Les eaux de Saint-Ronan.
*2706 — Redgauntlet.
*2707 — Le connétable de Chester.
*2708 — Richard en Palestine.
*2709 — Woodstock.
*2710 — Chronique de la Canongate.
*2711 — La jolie fille de Perth.
*2712 — Charles le Téméraire.
*2713 — Robert, comte de Paris.
*2714 — Le château périlleux.
*2715 — Histoire d'Écosse. 3 *vol.*
*2716 — Romans poétiques. 2 *vol.*
*3897 — L'antiquaire. Le pirate.
984 SCRIBE (Eugène). La jeune Allemagne.
1994 — Nouvelles.
1999 — Fleurette la bouquetière.
*709 SÉBILLOT (P.). Contes populaires de la Haute-Bretagne.
*710 — Contes des paysans et des pêcheurs.
*5888 — Contes des landes et des grèves.
188 SECOND (Albéric). A quoi tient l'amour.
194 — Contes sans prétention.
690 — Le roman de deux bourgeois.
1371 — La jeunesse dorée.
1372 — Les demoiselles de Ronçay.
1373 — Misères d'un prix de Rome.
2598 — La semaine des quatre jeudis.
3293 — —
3848 — La vicomtesse Alice.
2970 SECONDIGNÉ (A.). L'assommé.
3499 SEGONZAC (Paul). La petite filleule.
*162 SÉGUR (comtesse DE). Pauvre Blaise.
*1254 — Mémoires d'un âne.
*5824 — La sœur de Gribouille.
1869 SÉGUR (Nicolas). Naïs au miroir.
1421 SEMANT (Paul DE). P'tites femmes de régiment.
1491 SÉMÉZIES (Marcel). L'étoile éteinte.
2881 SÉRAO (Matilde). Châtiment.
2882 — Adieu amour !...
3755 — Sentinelles, prenez garde à vous !
1600 — Après le pardon.
4711 — —
5010 — Vie en détresse.
5278 — La vertu de Beppina.
5825 — Quelques femmes.
5826 — La conquête de Rome.
5827 — Cœurs de femmes.
6414 — —
5966 — L'aventureuse.

6120 SÉRAO (Mathilde). La main coupée.
5828 SERBET (Ernest). Francis et Léon.
5829 — Le prestige de l'uniforme.
6575 SEUHL (A.). Les gaietés de la république de Patati et Patata.
6576 — Patati et Patata en guerre.
5967 SÉVERINE (Mme). Pages rouges.
3185 SEVESTRE (Norbert). Le trèfle rouge.
114 SEYLOR (Olivier). Les maritimes.
2001 — —
1463 — Le Tout-Pourri.
3944 SIBILLE (Mme). Bonne chance !
1206 SIEBECKER (Édouard). Récits historiques.
4305 — —
4077 — Le baiser d'Odile.
1477 SIENKIEWICZ (Henrik). Bartek vainqueur.
4959 — —
2793 — Suivons-le !
3810 — —
3444 — Quo vadis.
4013 — —
3481 — Par le fer et par le feu.
3900 — La famille Polaniecki.
4496 — Pages d'Amérique.
4671 — L'éternelle victime.
4841 — Le déluge.
4865 — Madame Elzen.
5830 — —
4898 — En vain.
5039 SIGAUX (Jean). Au printemps de la vie.
1505 SILVESTRE (Arm.). Contes Grassouillets.
2600 — Les bêtises de mon oncle.
5331 — La Kosake.
5913 — Au pays des souvenirs.
8060 — Rose-de-Mai.
1492 SIMIERS (Max DE). Choc en retour.
1717 SIMON (Eugène). Contes et nouvelles.
3281 SINCLAIR (Upton). Métropolis.
5117 — Les brasseurs d'argent.
6188 — Le roi charbon.
5832 SORR (Angelo DE). Jeanne et sa suite.
5833 — Les inutiles.
161 SOULIÉ (Frédéric). Les mémoires du diable. 3 *vol.*
4131 — — 2 *vol.*
170 — Confession générale. 2 *vol.*
460 — Les quatre époques. Eulalie Pontois.
855 — Les drames inconnus. 4 *vol.*
4259 — — 5 *vol.*
900 — Un été à Meudon.
1321 — Le port de Créteil.
1322 — La comtesse de Monrion.
1333 — Le magnétiseur.
1344 — Marguerite.
1772 — Au jour le jour.
1782 — Les aventures de Saturnin Fichet. 2 *vol.*

1970 Soulié (Frédéric). Sathaniel.
2601 — Si jeunesse savait, si vieillesse pouvait.
6354 — — 2 vol.
2794 — Huit jours au château.
3442 — Les deux cadavres.
5834 — Le bananier.
5835 — Le conseiller d'état.
210 Souvestre (Emile). Riche et pauvre.
4138 — —
*246 — Scènes et récits des Alpes.
*4145 — —
268 — Sous la tonnelle.
318 — Confessions d'un ouvrier.
320 — Un philosophe sous les toits.
6073 — —
321 — Les derniers Bretons. 2 vol.
502 — Le mendiant de saint Roch.
457 — L'homme et l'argent.
3931 — —
581 — Pendant la moisson.
582 — Les clairières.
801 — Contes et nouvelles.
914 — Pierre et Jean.
944 — Les péchés de jeunesse.
945 — En Bretagne.
3785 — —
946 — Chroniques de la mer.
948 — La goutte d'eau.
949 — Sur la pelouse.
950 — Scènes de la vie intime.
952 — Le foyer breton. 2 vol.
1144 — Deux misères.
1145 — Les anges du foyer.
1146 — Loin du pays.
1148 — Le mémorial de famille.
2214 — Le pasteur d'hommes.
2796 — Au bout du monde.
3147 — Le mât de cocagne.
5836 — La valise noire.
5837 — En famille.
5838 — Souvenirs d'un vieillard.
5839 — Les drames parisiens.
5840 — Histoires d'autrefois.
5841 — Les réprouvés et les élus. 2 vol.
1879 Stael (Mme de). Delphine.
*816 Stahl (P.-J.). Les quatre peurs de notre général.
2603 — Histoire d'une famille hollandaise.
3226 — —
5842 — Histoire d'un homme enrhumé.
*5843 — Maroussia.
2602 Stahl et Lermont. Jack et Jane.
3562 Stahl et Wailly)de(. Mary Bell, William et Lafaine.
131 Stapleaux (Léopold). L'ivresse de Jean Renaud.
4005 — —
4497 — —

1089 STAPLEAUX (Léopold). Une victime du krach.
1408 — Le roman d'un père.
2076 — La langue de Mme Z...
5844 — La séduction de Savine.
5845 — Les cent francs du dompteur.
1174 STENDHAL (DE). La chartreuse de Parme.
5119 — —
5118 — Le rouge et le noir.
2604 — L'abbesse de Castro.
145 STENGER (Gilbert). Le sacrifice.
4849 — Maître Duchesnois.
1512 STEVENSON. Suicide club.
1991 — Les gais lurons.
1992 — L'île au trésor.
3901 — —
2605 — Le roman du prince Othon.
3294 — Le naufrageur.
3295 — Catriona.
5239 — Nouvelles mille et une nuits.
267 STEW (Mathilde). Le oui et le non des femmes.
904 STOLZ (Mme DE). La maison roulante.
4793 SUDERMANM (H.). La femme en gris.
23 SUE (Eugène). Le juif errant.
149 — — 4 *vol.*
4719 — — 4 *vol.*
76 — Les mystères de Paris. 4 *vol.*
4141 — 4 *vol.*
103 — Les mystères du peuple. 16 *vol.*
148 — Les misères des enfants trouvés. 4 *vol.*
254 — — 4 *vol.*
450 — Mathilde. 4 *vol.*
5058 — — 4 *vol.*
1016 — La famille Jouffroy. 3 *vol.*
1026 — Les sept péchés capitaux. 5 *vol.*
3396 — — 6 *vol.*
1027 — La vigie de Koat-Ven. 2 *vol.*
1028 — Le diable médecin. 3 *vol.*
1349 — Miss Mary.
1791 — La Coucaratcha.
1989 — Œuvres illustrées. 2 *vol.*
2606 — Plick et Plock.
2971 — —
2738 — La salamandre.
3148 — Arthur. 2 *vol.*
3149 — Mémoires d'un mari. 2 *vol.*
3446 — La croix d'argent.
5846 — La grande dame.
5847 — Latréaumont.
1488 SUTTER-LAUMANN. L'ironie du sort.
6047 SUTTNER (Mme DE). Bas des armes !
*4068 SWIFT. Voyages de Gulliver.
*8058 — —
691 SYLVIN (Edouard). Contes bleus et noirs.
795 — Lucile Calvon.
173 TAFT (Bernard). Le pressoir.

1336 TALMEYR (Maurice). Le grisou.
1506 — Madame Alphonse.
2607 TALON (François). Les mariages manqués.
856 TARBÉ (Edmond). Bernard l'assassin.
1541 — Le roman d'un crime.
1549 — —
839 TARDIEU (Mme). Histoire de Barbara.
3852 TARTIÈRE (J.-B.). Le secret des deux.
5974 TÉNARL (Louis). Mr Guérin fonctionnaire.
2608 TEXIER et LE SENNE. Madame Frusquin.
3301 — Le testament de Lucy.
6011 — Delburq et Cie.
2609 TRACKERAY (W.). Mémoires d'un valet de pied.
3909 — —
3904 — Histoire de Pendennis. 3 *vol.*
3905 — Mémoires de Barry Lyndon.
*3906 — La foire aux vanités. 2 *vol.*
*3917 — — 2 *vol.*
3907 — Le livre des snobs.
3908 — Morgiana.
*4960 — Sur la falaise.
*6163 THARAUD (Jérôme-Jean). Marakech ou les seigneurs de l'Atlas.
6578 — Dingley l'illustre écrivain.
107 THEURIET (André). Le fils Maugars.
4900 — —
195 — La maison des deux barbeaux.
339 — —
5969 — Eusèbe Lombard.
283 — Madame Heurteloup.
384 — Madame Véronique.
342 — Péché mortel.
344 — Sauvageonne.
3994 — —
5930 — —
348 — Tante Aurélie.
4802 — —
512 — Hélène.
869 — Michel Verneuil.
3438 — —
3483 — —
1295 — Lucile Désenclos.
5040 — Reine des bois.
1667 — Mademoiselle Guignon.
4344 — —
*1844 — Contes de la primevère.
1923 — Lys sauvage.
1966 — Contes tendres.
2068 — La sœur de lait.
4964 — Le secret de Gertrude.
2161 — Monsieur Lulu.
2239 — Deux sœurs.
2240 — Cœurs meutris.
2610 — Contes de la vie intime.
2611 — Bigarreau.

2612 THEURIET (André). Au paradis des enfants.
2883 — L'amie de Noël Trémont. —
5388 — Le refuge.
2885 — Jours d'été.
3217 — Mon oncle Flô.
3515 — Fleur de Nice.
3535 — —
3811 — L'amoureux de la préfète.
4963 — —
3851 — Frida.
3854 — Villa tranquille.
*4168 — Sous bois.
*5848 — —
*4564 — Colette.
4961 — Le mari de Jacqueline.
4962 — —
5009 — Nos oiseaux.
5041 — L'oncle Scipion.
5042 — Mademoiselle Roche.
5279 — Paternité
5434 — Chanteraine.
5849 — L'affaire Froideville.
5850 — Charme dangereux.
5968 — —
5851 — Jeunes et vieilles barbes.
6117 — Le bracelet de turquoise.
6543 — Amour d'automne.
7 THIAUDIÈRE (Edmond). Le roman d'un bossu.
619 — — —
4499 — De l'une à l'autre.
2613 THIERRY (Jean). Monsieur le neveu.
3763 — —
703 THIERRY (Gilb. Aug.). Marfa.
2614 — L'aventure d'une âme en peine.
6051 THIVARS (Michel). Histoires à se tordre.
1351 THOMAS (Frédéric). L'héritier du chien.
2615 — Les vieilles lunes d'un avocat.
2616 THOMIN (Lucien). Les tigres de la Néva.
5120 THURSTON. John Chicote M. P.
1486 TINAYRE (Marcelle). Hellé.
3248 — —
2033 — Perséphone.
6282 — —
2038 — La maison du péché.
4425 — —
2617 — L'oiseau d'orage.
4598 — —
3218 — La rebelle.
4422 — —
3303 — L'ombre de l'amour.
5085 — —
6153 — —
6415 — —
3371 — Avant l'amour.
4874 — —

4100 TINAYRE (Marcelle). Notes d'un voyageur en Turquie.
4423 — La rançon.
4438 — —
4794 — La douceur de vivre.
8070 — —
5716 — Madeleine au miroir.
6416 — —
6417 — La vie amoureuse de François Barbazanges.
8087 — La consolatrice. La douceur de vivre.
976 TINSEAU (Léon DE). Dette oubliée.
981 — Alain de Kérisel.
6540 — —
5046 — Faut-il aimer?
*4606 — Ma cousine Pot-au-feu.
*5043 — —
*6541 — —
*6542 — —
1618 — Robert d'Epirieu.
5154 — —
1674 — Mon oncle Alcide.
5044 — —
*1921 — Un nid dans les ruines.
1943 — Mensonge blanc.
2244 — Maître Gratien.
[illegible] — —
6419 — —
2245 — Bouche close.
2675 — La princesse errante.
2739 — Le chemin de Damas.
2749 — Le secrétaire de Mme la duchesse.
3482 — —
2797 — Plus fort que la haine.
2990 — La valise diplomatique.
4843 — —
6418 — —
3190 — Les étourderies de la chanoinesse.
3340 — —
4965 — —
3309 — Les deux consciences.
4844 — —
5852 — —
1755 — L'attelage de la marquise.
3439 — —
3516 — Au coin d'une dot.
5853 — —
3967 — La clef de la vie.
4072 — La meilleure part.
3311 — Le port d'attache.
4519 — —
4845 — —
4668 — Sur les deux rives.
4883 — —
6020 — —
6579 — —
4795 — Le finale de la symphonie.

4842 Tinseau (Léon de). La Chesnardière.
4879 — Du mouron pour les petits oiseaux.
4993 — —
4966 — Dans la brume.
5717 — Les péchés des autres.
6183 — —
5993 — Le duc Rollon.
6089 — La deuxième page.
110 Tissot (Victor). De Sadowa à Sedan.
4119 — —
323 — Vienne et la vie viennoise.
329 — La société et les mœurs allemandes.
425 — Voyage au pays des milliards.
1246 — —
426 — Voyage aux pays annexés.
427 — Voyage aux pays tziganes.
428 — Les Prussiens en Allemagne.
1118 — —
514 — Voyage à la recherche du bonheur.
760 — La Russie et les Russes.
986 — La police secrète prussienne.
3296 — Russes et Allemands.
3297 — La Suisse inconnue.
3298 — La Russie rouge.
5240 Tissot et Améro. Les aventures de Gasparn van der Gomm. 2 *vol.*
6033 — La comtesse de Montretout.
6034 — Les mystères de Berlin. (*Suite*).
2148 Tissot (Ernest). Le monsieur qui passe.
199 Tolstoï (L. de). Résurrection.
3946 — — 2 *vol.*
1787 — La sonate à Kreutzer.
3323 — Les cosaques.
3762 — Imitations.
3910 — La guerre et la paix. 3 *vol.*
4796 — Anna Karénine.
5122 — —
5389 — —
5121 — Œuvres choisies.
5854 — Ivan l'imbécile.
1354 Tomel (Guy). Petits métiers parisiens.
200 Topper (Rodolphe). Rosa et Gertrude.
3374 — —
3373 — Le presbytère.
3911 — Nouvelles génevoises.
1990 Toulouze (Gustave). Le vice.
2058 — L'orgueil du nom.
2888 — Le miroir tragique.
2972 — Le vertige de l'inconnu.
3347 — La bête à bon Dieu.
3995 — Madame Lambelle.
3536 — Péri en mer.
3766 — Le bateau des sorcières.
3786 — Les cauchemars.
4899 — Le ménage Bolsec.

5172 TOUDOUZE (Gustave). Le pompon vert.
6355 — —
5390 — Tendresse de mère.
5855 — La séductrice.
2215 TOURGUENEFF (Ivan). Terres vierges.
3812 — Eaux printanières.
3912 — Fumée.
3913 — Scènes de la vie russe.
3947 — Mémoires d'un seigneur russe. 2 *vol.*
3948 — Nouvelles moscovites.
3914 TOURSKI-STREBINGER. Nouvelles slaves.
2932 TRÉZÉNIK (Léo). La confession d'un fou.
3537 TRIMM (Timothée). Mémoires de Lisette.
5123 TROTINGON (Lucien). Simone la romanesque.
4967 TROLLOPE (Francès). La pupille.
5856 — Le cousin Henry.
4968 TROLLOPE (Anihony). Les tours de Barchester. 2 *vol.*
3153 TWAIN (Mark). Un pari de milliardaires.
3832 — Le capitaine Tempête.
3833 — Les Péterkins.
4096 — Le prétendant américain.
4158 — Plus fort que Sherlock Holmes.
4969 — Exploits de Tom Sawyer, détective.
1360 UCHARD (Mario). Jean de Chazol.
1377 — Mon oncle Barbassou.
3996 — —
1582 — Mademoiselle Blaisot.
2933 — —
2618 — Joconde Berthier.
2890 — L'étoile de Jean.
8014 — La buveuse de perles.
8015 — Antoinette ma cousine.
41 ULBACH (Louis). La maison de la rue de l'Echaudé.
42 — La ronde de nuit. (*Suite*).
117 — Mémoires d'un assassin : I. Cyrille.
118 — II. Maxime.
346 — Histoire d'une mère et de ses enfants.
4157 — —
461 — La voix du sang.
666 — Les cinq doigts de Birouk.
418 — Le secret de Mlle Chagnier. (*Suite*).
667 — Le sacrifice d'Aurélie.
883 — Monsieur et Madame Fernel.
1763 — Le parrain de Cendrillon.
2246 — La Fleuriotte.
2619 — Les roués sans le savoir.
3154 — Noële.
3155 — La fée verte (*Suite*).
3156 — Mère et maîtresse.
3157 — Monsieur Paupe.
3338 — Madame Gosselin.
3500 — Les secrets du diable.
4101 — La cocarde blanche (1814).
5866 — Suzanne Duchemin.
5867 — L'homme aux 5 louis d'or.

5868 ULBACH (Louis). Voyage autour de mon clocher.
5869 — L'amour moderne.
5870 — Causeries du dimanche.
5871 — Réparation.
6021 — Pauline Foucault.
6356 — Simple amour.
523 ULMÈS (Tony D'). Pension de famille.
4014 VALBEAU (E. DE). Miss Mortimer.
2891 VALDAGNE (Pierre) Une rencontre.
4846 — La confession de Nicaise.
5312 VALENTIN (E.). Dangereuse conquête.
1518 VALLÉRY-RADOT. Journal d'un volontaire d'un an.
1743 — L'étudiant d'aujourd'hui.
730 VALLÈS (Jules). Jacques Vingtras : l'enfant.
731 — — le bachelier.
732 — — l'insurgé.
4501 VALOIS (Charles). Le docteur André.
4500 — Maurice Duhamel. (*Suite*).
2620 VALMONT. L'espion prussien.
792 VALREY (Max). Marthe de Montbrun.
2892 VANDEREM (Fernand). La cendre.
2893 — Les deux rives.
2894 — La patronne.
5408 VARENNES (G. DE). La victoire du mari.
5889 — Contes et historiettes.
1237 VAST-RICOUART. La sirène.
5436 VAUCAIRE (Maurice). Patatras.
1514 VAUDÈRE (Jane DE LA). La guescha amoureuse.
1515 — Trois fleurs de volupté.
4063 VAUX (DE LA) Cent milles lieues dans les airs. 2 *vol.*
5987 — 16.000 kilomètres en ballon.
96 VAUTEL. (Clément). Monsieur Mézigue.
622 VAUTIER (Georges). Le remords du docteur.
6365 VAUTIER (Claire) Haine charnelle.
213 VEBER (Pierre). Mr et Mme L'homme.
5908 — Chez les snobs.
1777 VERLAINE (Paul). Confessions.
*2750 VERNE (Jules). Bourses de voyage. 2 *vol.*
*2938 — Maître du monde.
*5935 — —
*3158 — Sans dessus dessous.
*6420 — —
*3165 — L'invasion de la mer.
*3445 — Un capitaine de quinze ans. 2 *vol.*
*3622 — — 2 *vol.*
*6030 — — 2 *vol.*
*3538 — Cinq semaines en ballon.
*3590 — —
*3683 — —
*8016 — —
*3587 — Une ville flottante.
*3689 — —
*3603 — Voyage au centre de la terre.
*4046 — —
*3370 — Le docteur Ox.

*3592	Verne (Jules).	Le docteur Ox.	
*3684	—	—	—
*3685	—	—	
*3601	—	Vingt mille lieues sous les mers.	
*3593	—	—	2 *vol.*
*3686	—	—	2 *vol.*
*3630	—	L'île mystérieuse. 3 *vol.*	
*3690	—	— 3 *vol.*	
*3594	—	Les Anglais au pôle nord.	
*3595	—	—	
*3687	—	—	
*5243	—	—	
*3596	—	Le désert de glace.	
*3597	—	—	
*3598	—	—	
*6544	—	—	
*3688	—	Le tour du monde en 80 jours.	
*6012	—	—	
*3588	—	De la terre à la lune.	
*3589	—	—	
*4970	—	—	—
*3605	—	Autour de la lune.	—
*3607	—	—	—
*4971	—	—	
*3608	—	Mathias Sandorf. 3 *vol.*	
*3609	—	Aventures de trois Russes et de trois Anglais.	
*4047	—	—	
*3611	—	Les enfants du capitaine Grant.	3 *vol.*
*3612	—	—	3 *vol.*
*3613	—	Les naufragés du Jonathan.	2 *vol.*
*3614	—	Le pays des fourrures.	2 *vol.*
*3615	—	—	2 *vol.*
*3616	—	Le Chancellor.	
*3695	—	—	
*3618	—	Michel Strogoff. 2 *vol.*	
*4015	—	Les Indes noires.	
*4048	—	—	
*3624	—	Hector Servadac. 2 *vol.*	
*3625	—	— 2 *vol.*	
*3626	—	La maison à vapeur. 2 *vol.*	
*3627	—	— 2 *vol.*	
*3628	—	Les tribulations d'un Chinois en Chine.	
*3983	—	—	
*4061	—	La Jangada. 2 *vol.*	
*3634	—	Les 500 millions de la Bégum.	
*3641	—	—	
*3635	—	Le rayon vert.	
*3636	—	—	
*3637	—	Kéraban-le-Têtu. 2 *vol.*	
*3638	—	L'archipel en feu.	
*3639	—	—	
*6545	—	—	
*3640	—	L'étoile du Sud.	
*3642	—	—	
*4062	—	—	

*3643 VERNE (Jules). Robur le conquérant.
*3644 — —
*3645 — Un billet de loterie.
*4578 — —
*3663 — Mirifiques aventures du capitaine Antifer. 2 *v.*
*3647 — Nord contre Sud. 2 *vol.*
*3648 — — 2 *vol.*
*3649 — Le chemin de France.
*5242 — —
*3650 — Claudine Bombarnac.
*5241 — —
*3652 — Le château des Carpathes.
*3653 — —
*3654 — Deux ans de vacances. 2 *vol.*
*3655 — — 2 *vol.*
4016 — — 2 *vol.*
*3656 — Miss Branican. 2 *vol.*
*3657 — — 2 *vol.*
*3651 — — 2 *vol.*
*3658 — César Cascabel. 2 *vol.*
*3659 — — 2 *vol.*
*3666 — L'île à l'hélice. 2 *vol.*
*3662 — Face au drapeau 2 *vol.*
*3665 — Le sphinx des glaces. 2 *vol.*
*3691 — P'tit bonhomme. 2 *vol.*
*1788 — Clovis Dardentor.
*3667 — —
*3668 — —
*3669 — Le superbe Orénoque. 2 *vol.*
*3670 — — 2 *vol.*
*3671 — Le testament d'un excentrique. 2 *vol.*
*3672 — —
*3673 — Seconde patrie. 2 *vol.*
*4040 — — 2 *vol.*
*3674 — Les histoires de Jean-Marie Cabidoulin.
*3675 — —
*3676 — Le village aérien.
*3677 — —
*3678 — Les frères Kip. 2 *vol.*
*6421 — — 2 *vol.*
*3679 — Le phare du bout du monde.
*3680 — L'école des Robinsons.
*3696 — —
*3681 — Famille sans nom. 2 *vol.*
*3855 — — 2 *vol.*
*3682 — Le volcan d'or. 2 *vol.*
*4527 — L'agence Tompson and C°. 2 *vol.*
*4537 — La chasse au météore.
*4672 — Le Pilote du Danube.
*4764 — Le secret de Wilhelm Storitz.
*4765 — Hier et demain.
3692 VERNE et LAURIE. L'épave du Cynthia.
5872 VERNO-LEE. Au pays de Vénus.
5124 VERNOU (Pierre). Au creux des sillons.
1219 VÉRON (Pierre). Allons-y gaiement !

1561 VÉRON (Pierre). Avez-vous besoin d'argent ?
1568 — La grrrande famille hasard.
1570 — Mr et Mme Tout-le monde.
1577 — Les phénomènes vivants.
1585 — Le roman de la femme à barbe.
1628 — L'art de vivre cent ans.
1630 — Ohé vitrier !
1957 — La foire aux grotesques.
2230 — Le sac à la malice.
4503 — De vous à moi.
5409 — Maison Amour et Cie.
5875 — —
5874 — Ces monstres de femmes.
5876 — Les grimaces parisiennes.
5873 VÉRON (Mme Jeanne). Le petit cousin Charles.
2621 VÉRON (L.). 500.000 francs de rente.
938 VICTOR (M.-V.). L'auberge de l'Ours noir.
433 VIEL-CASTEL (DE). Amour et diplomatie. 2 *vol.*
5244 VIGNAUD (Jean). La passion de Claude Bernier.
359 VIGNÉ D'OCTON. Journal d'un marin.
2973 — L'éternelle blessée.
4504 — Au pays des fétiches.
5313 — Le roman d'un timide.
85 VIGNON (Claude). Un naufrage parisien.
1015 — Les drames ignorés.
2622 — Une étrangère.
5245 — Révoltée !
5877 — Récits de la vie réelle.
*506 VIGNY (Alfred DE). Servitude et grandeur militaires.
937 — Laurette ou le cachet rouge.
5878 — Stello.
1297 VILARS (François). Les mauvais jours.
4089 VILLE (Léon). Les chercheurs d'or.
2072 VILLETARD (Pierre). Les poupées se cassent.
6304 — —
6382 — Le Château sous les roses.
1536 VILLIERS (Jean DE). Le roman d'un assiégé.
2623 VILMAIN (Jules). Sous la soutane.
281 VINCENT (Charles). Cœur de père.
1662 — —
5879 — D'abord, vivre.
1894 VINCENT (Jacques). Misé Féréol.
1910 — Le retour de la princesse.
4041 — Le cousin Noël.
2667 VINSON (Auguste). Salazie.
4713 VIOLLIS (Jean). Monsieur le principal.
2624 VITU (Auguste). Ombres et vieux murs.
3975 VOGUÉ (E. M. DE). Le maître de la mer.
4847 — Les morts qui parlent.
5909 VONTADE (Jacques). La lueur sur la cîme.
6313 VUILLEMIN (Louis). L'héroïque pastorale.
2625 WALDOR (Mme Mélanie). Les moulins en deuil. 2 *vol.*
100 WALDTEUFEL (Edouard). La fin d'une courtisane.
4714 WARD (Mme Humphry). Carrière d'artiste.
5125 — George Anderson.

3760 Warnery (Henri). Le chemin d'espérance.
190 Weill (Alexandre). Histoires de village.
2150 Weills (H. G.). L'homme invisible.
4371 — —
2151 — La machine à explorer le temps.
2668 — Les premiers hommes dans la lune.
2751 — Anticipations.
2752 — L'amour et M. Lewisham.
3159 — Les pirates de la mer.
3191 — Quand le dormeur s'éveillera.
3325 — Au temps de la comète.
6048 — —
3384 — Place aux géants.
3385 — L'île du docteur Moreau.
3395 — La merveilleuse visite.
4097 — —
5391 — —
3694 — Miss Waters.
3915 — La guerre des mondes.
4392 — L'île de l'Aepyornis.
4426 — Une utopie moderne.
4517 — Douze histoires et un rêve.
4554 — La burlesque équipée du cycliste.
4728 — La guerre dans les airs.
6049 — —
4807 — Effrois et fantasmagories.
4870 — Histoire de Mr Polly.
2310 Werth (Léon). Voyages avec ma pipe.
3916 Wetherells (Elisabeth). Queechy. 2 *vol.*
2626 Wey (Francis). Dick Moon en France.
5880 — Le bouquet de cerises.
3339 Wiele (Marguerite Van de). Filleul du roi !
5881 — Maison flamande.
5882 — Lady Fauvette.
6559 Wilde (Oscar). Le portrait de Dorian Gray.
6560 — De profundis.
1732 Willy. Bains de sons.
2627 Witt (Mme de). Une famille à la campagne.
2663 — Par monts et par vaux.
5883 — Tout simplement.
2628 Wodzinski (A.). Les amours d'Abel.
5884 — Léonne.
1073 Wœlmont (Ar. de). Nelly Mac Edwards.
6357 Wolff (Albert). La haute noce.
5910 Wolff (Pierre). Amants et maîtresses.
4488 Wolowski. Janoff.
5885 Wodes (M. L.). Tragédies de village.
*3209 Wyss. (J. R.). Le Robinson Suisse. 2 *vol.*
547 Xanrof. Paris qui m'amuse.
548 — L'œil du voisin.
1525 — De l'autel à l'hôtel.
1226 — Une et un font trois.
2216 — La forme. La fô, ô... orme
6013 — Pochards et Pochades.
6359 XX. Christine Sorel. 2 *vol.*

2630 Yates (Edmond). Les brebis galeuses.
6090 Yole (Jean). La dame du bourg.
6091 — Les démarqués.
3381 Yver (Colette) bergerie.
5246 — —
6422 — —
6423 — —
3372 — Princesses de Science.
5718 — —
3882 — Les dames du Palais
57 9 — Les sables mouvants.
5936 — Un coin du voile.
6132 — La pension du sphinx.
6177 — Le mystère des Béatitudes.
6178 — Comment s'en vont les reines.
6179 — Mirabelle de Pampelune
32 Zaccone (Pierre). La chambre rouge.
529 — Les mansardes de Paris.
4203 — —
554 — Les aventuriers de Paris.
2974 — —
555 — La dame d'Auteuil.
557 — L'inconnu de Belleville.
692 — Histoire des sociétés secrètes. 3 *vol.*
823 — Les plaisirs du roi.
1384 — La recluse.
1396 — La vivandière des zouaves.
1874 — La cellule n° 7. 2 *vol.*
2631 — Les compagnons noirs.
2895 — L'homme aux neuf millions.
4973 — —
4972 — La vie à outrance.
5887 — Jean Longues-jambes.
2632 Zagoulaïeff. Les conteurs russes modernes.
5126 Zahn (E.). Christen Russi.
285 Zola (Emile). Les soirées de Médan.
1301 — —
453 — Le rêve.
1256 — —
3363 — —
605 — Mes haines.
1122 — Une page d'amour.
3355 — —
6031 — —
1857 — La conquête de Plassans.
3351 — —
1177 — La faute de l'abbé Mouret.
3352 — —
3464 — —
6601 — —
1289 — La bête humaine.
1615 — —
3364 — —
1290 — Naïs Micoulin.
1292 — Le ventre de Paris.

3458	Zola (Emile).	Le ventre de Paris.
1293	—	L'argent.
3457	—	—
1294	—	Germinal.
3360	—	—
3455	—	—
1298	—	L'œuvre.
3361	—	—
3460	—	—
6230	—	—
1299	—	La fortune des Rougon.
1818	—	—
3348	—	—
3456	—	—
1303	—	Le capitaine Burle.
2789	—	—
4098	—	—
1342	—	La débâcle.
3366	—	—
4017	—	—
4433	—	—
6229	—	—
6561	—	—
6608	—	—
3362	—	La terre.
3789	—	—
6546	—	—
1527	—	Le docteur Pascal.
3367	—	—
3448	—	—
6425	—	—
1638	—	Lourdes.
2671	—	—
3454	—	—
4331	—	—
8063	—	—
4355	—	—
1935	—	Fécondité.
3450	—	— 2 *vol.*
1977	—	Travail.
2921	—	—
3447	—	—
2250	—	Vérité.
3449	—	—
2633	—	Rome.
3244	—	—
3462	—	—
4272	—	Paris.
2799	—	Nana.
3356	—	—
3788	—	—
6014	—	—
6599	—	—
2800	—	Les mystèrss de Marseille.
2803	—	Le vœu d'une morte.

3349 Zola (Emile). La curée.
3461 — —
3353 — Son excellence Eugène Rougon.
3451 — —
3354 — L'assommoir.
3446 — —
3357 — Pot-bouille.
4502 — —
3358 — Au bonheur des dames.
3465 — —
6600 — —
3539 — La joie de vivre.
3453 — —
6547 — —
4099 — Contes à Ninon.
6022 — —
4273 — Nouveaux contes à Ninon.
4274 — La confession de Claude.
6347 Zschokké. Contes Suisses.
22 *** Le jésuite. 2 *vol.*
26 *** Le maudit. 3 *vol.*
255 *** — 3 *vol.*
1013 *** Le moine.
256 *** La religieuse 2 *vol.*
330 *** Le livre des cents et un. 10 *vol.*
358 *** Anecdotes historiques et littéraires.
580 *** Le dernier des réfractaires.
2636 *** —
1491 *** Le lazaret.
155 *** La bibliothèque des feuilletons.
2638 *** Les coureurs de dot.
2639 *** La villa Bon-accueil.
2640 *** Contes merveilleux.
2643 *** Le tiroir du diable.
2645 *** Souvenir d'une bleue.
2975 *** Les gendarmes.
2997 *** Un drame sous la Terreur.
3318 *** Les crimes célèbres. 2 *vol.*
3463 *** Les oubliettes du vieux Louvre.
3501 *** Chacun la sienne.
3746 *** En pique nique.
3902 *** Le nouveau Gulliver. 2 *vol.*
3945 *** Mon premier voyage en mer.
3997 *** Historiettes et anecdotes.
3918 *** Mémoires de Pisiscrate Caxton.
4538 *** Le crime de la malle noire.
5256 *** Le roman de Tristan et Iseult.
5314 *** Les contes du Palais.
5886 *** Whitefriars. 2 *vol.*
5811 *** Chien et chat.
5912 *** Quand j'étais ministre.
6598 *** Amitié amoureuse.

P. — Beaux-Arts.

43 ADELINE (Jules). La peinture à l'eau.
44 ALBERT (Charles). Qu'est-ce que l'art?
59 BAYARD (Emile). L'art de reconnaître les styles.
137 — L'illustration et les illustrateurs.
138 — La caricature et les caricaturistes.
63 BENDERLY. Ce que racontent monnaies et médailles.
64 BÉNÉDITE (Léonce). Les artistes.
13 BLANC (Charles). La sculpture.
14 — La peinture.
8 BOUCHOT (Henri). Le livre (illustration et reliure).
24 BROQUELET (A.). L'art appliqué à l'industrie. 2 *vol.*
25 CARDON (Emile). L'art au foyer domestique.
7 CHAMPEAUX. Le meuble : I. Antiquité, moyen-âge, renaissance. II. 17e, 18e et 19e siècles. 2 *vol.*
65 CHAMPFLEURY. Histoire de la caricature antique.
68 CHESNEAU (Ernest). Les chefs d'école.
49 CLOSSET (Jean). Le pyrogravure et ses applications.
39 COLOMB (Casimir). La musique.
15 COLLIGNON (Maxime). L'archéologie grecque.
70 COMBARIEU (Jules). La musique, ses lois, son évolution.
16 CORROYER (Edouard). L'architecture gothique.
17 — L'architecture romane.
56 CUYER (Edouard). Le dessin et la peinture.
26 DECK (Théodore). La faïence.
5 DELABORDE (Henri). La gravure.
35 DIEULAFAIT (Louis). Diamants et pierres précieuses.
27 DUVAL (Mathias). Précis d'anatomie artistique.
61 FIÉRENS GEVAERT. Essai sur l'art contemporain.
51 FRAIPONT (G.). Le crayon et ses fantaisies.
52 — Le fusain.
53 — Le dessin à la plume.
54 — L'eau-forte et la lithographie.
55 — Photogravure et gravure sur bois.
34 GAULTIER (Paul). Le sens de l'art.
131 GAUTHIER (Joseph). Traité de composition décorative.
132 — Graphique d'histoire de l'art.
1 GAUTIER (Théophile). Tableaux à la plume.
37 GERSPACH. L'art de la verrerie.
62 — La mosaïque.
4 GONCOURT (Edmond DE). Hokousaï.
9 — Outamaro.
11 — La maison d'un artiste. 2 *vol.*
28 GONSE (Louis). L'art japonais.
42 GUIGNET (Ch.). Les couleurs.
48 GUILLAUME (Edm.). L'histoire de l'art et de l'ornement.
29 HAVARD (Henry). Histoire de la peinture hollandaise.
46 — La céramique. 2 *vol.*
47 — Les bronzes d'art et d'ameublement.
3 KARL-ROBERT. Le fusain sans maître.
136 — —
50 LABITTE (Alph.). L'art de l'enluminure.

18 Laloux (V.). L'architecture grecque.
36 Lasteyrie (de). Histoire de l'orfèvrerie.
19 Lavoix (H.). Histoire de la musique.
20 Lechevallier-Chevignard. Les styles français.
23 Lecoy de la Marche. Les manuscrits et la miniature.
41 Lefèvre (André). Les parcs et les jardins.
133 Lenoir (Alfred). Anthologie d'art.
30 Lenormant (F.). Monnaies et médailles.
10 Lostalot (Alfred de). Les beaux-arts illustrés.
135 Meyer (Alf.). L'art de l'émail de Limoges.
31 Molinier (Émile). L'émaillerie.
32 Molinier (Aug.). Les manuscrits et les miniatures.
12 Moreau-Vauthier (Ch.). La peinture.
60 Morice. Pourquoi et comment visiter les musées.
66 Morin (Louis). Le dessin humoristique.
6 Muntz (Eugène). La tapisserie.
58 Ottin (L.). L'art de faire un vitrail.
21 Palustre. L'architecture de la Renaissance.
22 Paris (Pierre). La sculpture antique.
67 Pécaut et Baude. L'art.
33 Pottier. Les statuettes de terre cuite dans l'antiquité.
57 Riche (A.). Monnaie, médailles et bijoux.
69 Sully Prudhomme. L'expression dans les Beaux-Arts.
38 Taine (R.). Philosophie de l'art, 2 *vol.*
2 Viardot (Louis). Les merveilles de la peinture.
40 — Les merveilles de la sculpture.
45 Wolf. Le moulage et les documents plastiques.
134 Wright (Thomas). Histoire de la caricature.

R. — Littérature, Poésie.

612 Abry et Audic. Histoire illustrée de la littérature française.
331 Adam (Paul). La critique des mœurs.
223 Aicart (Jean). Poésie.
366 — Miette et Noré.
10 Albert (P.). La littérature française, des origines à la fin du 16e siècle.
13 — La littérature française au 17e siècle.
256 Anglade (J.). Les troubadours.
93 Arioste (L.). Roland furieux, 2 *vol.*
308 Armelin (Gaston). Le poème de la Grande-Armée.
355 Arvède Barine. Poètes et névrosés.
23 Banville (Théodore de). Les cariatides.
24 — Contes héroïques.
25 — Odes funambulesques.
16 — Petit traité de poésie française.
343 — Sonnailles et clochettes.
350 — Esquisses parisiennes.
74 Barbey d'Aurevilly (J.). Critiques diverses.
188 — Romanciers d'hier et d'avant-hier.
336 — Les vieilles actrices.
337 — Les ridicules du temps.

377 Barbier. Les jambes.
235 Barrès (Maurice). Le voyage de Sparte.
344 — Sous l'œil des barbares.
345 — Un homme libre.
346 — L'ennemi des lois.
347 — Du sang, de la volupté et de la mort.
348 — L'appel au soldat.
112 Barthélémy (Auguste). Némésis.
186 — Douze journées de la Révolution.
221 Baudelaire (Ch.). Les fleurs du mal.
309 Benoist (Antoine). Essais de critique dramatique.
275 Beranger. Œuvres complètes.
94 Bernard-Derosne (Léon). Types et travers.
115 Bernardin de Saint-Pierre. Paul et Virginie.
321 — —
19 Berville. Littérature, œuvres diverses.
282 Bizos (Gaston). Fénelon éducateur.
378 Blanlœil. Littérature grecque et latine.
11 Boileau. Œuvres poétiques.
233 Bornier (Henri de). Pages choisies.
44 Bossuet. Discours sur l'histoire universelle. 2 *vol.*
95 — —
190 — Oraisons funèbres.
236 Bourdeau. Les maîtres de la pensée contemporaine.
362 — —
255 Bourget (Paul). Nouveaux essais de psychologie.
276 — La vie inquiète.
367 Bouvier (A.). Les chansons du peuple.
191 Brillat-Savarin. Physiologie du goût.
34 Brizeux (Auguste). Œuvres.
28 Byron (Lord). Œuvres complètes. 4 *vol.*
263 Byvanck (W.). Un Hollandais à Paris en 1891.
30 Capus (Alfred). Les mœurs du temps. 2 *vol.*
178 Carrel (Armand). Œuvres choisies.
15 Cervantès (Michel). Don Quichotte de la Manche. 2 *v.*
132 Chantavoine (Henri). Satires contemporaines.
133 Chateaubriand. Œuvres complètes. 10 *vol.*
269 — Les martyrs. René.
270 — Les Natchez.
317 — — 2 *vol.*
320 — — 2 *vol.*
271 — Atala. Le dernier Abencérage. Itinéraire de Paris à Jérusalem.
272 — Etudes historiques. Le paradis perdu.
273 — Le génie du christianisme.
278 Champfleury. Le réalisme.
294 Chatenet (Gustave). Etudes sur les poètes italiens.
157 Chénier (André). Œuvres poétiques.
163 Cherbuliez (Victor). Etudes de littérature et d'art.
323 — Profils étrangers.
180 Cim (Albert). Le dîner des gens de lettres.
108 Claretie (Jules). L'art et les artistes français.
153 — Quarante ans après.
328 — La vie à Paris (1880).
334 — La vie à Paris (1884).

335 Claretie (Jules). Ruines et fantômes.
604 Claretie (Léo). Florian.
605 Collignon (A.). Virgile.
602 Coppée (François). Poèmes et récits.
606 Corréard. Michelet.
189 Courier (Paul-Louis). Œuvres.
159 Crémieux (Gaston). Œuvres posthumes.
316 Croiset. Premières leçons d'histoire littéraire.
281 Cyrano de Bergerac. Voyage dans la lune.
38 — Histoire comique des états et empires de la lune et du soleil.
217 Dante Alighieri. La divine comédie.
17 Danton et Cantan. Le trésor de la poésie française.
162 Daudet (Alphonse). Les amoureuses.
386 — —
257 — Souvenirs d'un homme de lettres. 2 *vol.*
368 — —
372 Deffous et Zavie. Le groupe de Médan.
43 Delord (Taxile). Les matinées littéraires.
267 Deschamps (Gaston). La vie et les livres. 6 *vol.*
99 Diderot. Œuvres choisies. 2 *vol.*
193 — — 2 *vol.*
219 — Jacques le fataliste et son maître.
26 Duboccage (Mme). Poésies diverses.
147 Ducis (J.-F.). Œuvres. 3 *vol.*
305 Dumas (Alexandre). Bouts rimés.
141 Dun (Jacques). L'ennemi (poème).
31 Dupont (Pierre). Chants et chansons.
75 Faguet (Emile). La démission de la morale.
231 — Amours d'hommes de lettres.
237 — Etudes littéraires sur le XVIe siècle.
238 — Etudes littéraires sur le XVIIe siècle.
239 — Etudes littéraires sur le XVIIIe siècle.
240 — Etudes littéraires sur le XIXe siècle.
258 — Drame ancien, drame moderne.
342 — Propos de théâtre.
364 — Politiques et moralistes du XIXe siècle.
376 — Pierre Corneille.
607 — Corneille.
611 — Ce que disent les livres.
39 Fénelon. Aventures de Télémaque.
47 — —
265 Filon (Augustin). De Dumas à Rostand.
184 Flaubert (Gustave). La tentation de Saint-Antoine.
251 — Trois contes.
382 — Par les champs et par les grèves.
369 Flers (Robert de). Le théâtre et la ville.
14 Florian. Fables.
33 — Nouvelles.
387 Foret (P.) Anthologie des ballades françaises.
381 France (A.) Le génie latin.
59 Galland. Les mille et une nuits. 3 *vol.*
210 Gallier (H. de). Usage et mœurs d'autrefois.
103 Gaultier (Paul). L'idéal moderne.
110 — Reflets d'histoire.

131 GAULTIER (Paul). La vraie éducation.
167 — La pensée contemporaine.
277 GAUTIER (Théophile). Emaux et camées.
298 — Fusains et eaux-fortes.
71 GILBERT. Œuvres.
299 GLACHANT (Paul). André Chénier critique et critiqué.
195 GOETHE. Werther. Hermann et Dorothée.
225 GONGOURT (Ed. et J. DE). L'art du 18 siècle. 2 *vol.*
53 GOUDEAU (E.). Chansons de Paris et d'ailleurs.
285 GRANDMOUGIN (Ch.). A pleines voiles.
286 — Choix de poésies.
284 GRIMAUD (Albert). La race et le terroir.
340 GUÉCHOT (M.). Types populaires créés par les grands écrivains.
209 HALPHEN (L.). L'histoire en France depuis cent ans.
52 HAMILTON. Œuvres. 2 *vol.*
216 — Mémoires de Grammont.
211 HANOTAUX (G.). La fleur des histoires françaises.
135 HEINE (Henri). De tout un peu.
161 — Lutèce.
242 HÉRÉDIA (J. M. DE). Les trophées.
232 HOLLANDE (Eugène). La cité future (poésies).
89 HOMÈRE. Iliade. 2 *vol.*
229 — —
230 — Odyssée.
155 — Iliade et Odyssée.
287 — —
55 HOUSSAYE (Arsène). Le roi Voltaire.
48 HUGO (Victor). Le Rhin.
49 — L'année terrible.
341 — —
349 — —
268 — Les Orientales.
283 — —
60 — La légende des siècles. 2 *vol.*
356 — — 4 *vol.*
260 — Les châtiments.
69 — Religions et religion.
106 — Voix intérieures. Rayons et ombres.
81 — Les feuilles d'automne.
84 — Les champs du crépuscule.
107 — Odes et ballades.
603 — —
128 — L'âme.
129 — Le Pape.
158 — L'art d'être grand-père.
192 — Les chansons des rues et des bois.
227 — Les contemplations. 2 *vol.*
330 — Notre-Dame de Paris. 2 *vol.*
374 — Les châtiments. Quatre vingt treize.
303 JACOB DE LA COTIÈRE. Mes semblables.
300 JACOB (P.-L.). Madame de Krudener.
206 JANIN (Jules). La fin d'un monde.
329 — L'âne mort et la femme guillotinée.
138 — Contes non estampillés.

288 JUVÉNAL. Satires.
67 KARR (Alphonse). Les guêpes. 4 *vol.*
68 — Le credo du jardinier.
96 — Grains de bon sens.
104 — On demande un tyran.
83 — Bourdonnements.
114 KLACZKO (J.). Causeries florentines.
215 LA BRUYÈRE. Les caractères.
250 — —
72 LA FONTAINE. Fables.
86 LAMARTINE (DE). Recueillements poétiques.
101 — Premières méditations poétiques.
109 — —
102 — Jocelyn.
116 — Héloïse et Abélard.
117 — Christophe Colomb.
156 — Nouvelles méditations poétiques.
202 — La chute d'un ange.
322 — Nouvelles confidences.
40 LANDELLE (C. DE LA). Chansons maritimes.
160 LAPRADE (DE). Psyché. Odes et ballades.
150 LAURENT-PICHAT. Les poètes de combat.
379 LE BRAZ (A.). La chanson de la Bretagne.
73 LECONTE DE LISLE. Poèmes et poésies.
243 — Poèmes antiques.
244 — Poèmes barbares.
207 LEMAITRE (Jules). Les contemporains. 7 *vol.*
301 — Impressions de théâtre.
307 — Jean-Jacques Rousseau.
327 — Jean Racine.
289 LEMOYNE (André). Poésies.
357 LENIENT (C.). La satire en France au moyen âge.
375 — La comédie en France.
12 LE SAGE. Gil Blas de Santillane.
58 — —
214 — —
20 — Guzman d'Alfarache.
92 — Le diable boiteux.
608 LESCURE (DE). Bernardin de Saint-Pierre.
22 LE TASSE. La Jérusalem délivrée.
339 — —
312 LIÉGEARD (Stéphen). Au caprice de la plume.
261 LINTILHAC (E). Histoire élémentaire de littérature.
183 LOLIÉE (F.). La maison de Molière.
226 LONLAY (E. DE). Chansons populaires.
196 LUCAS (H.). Histoire littéraire du Théâtre-Français.
360 MACHIAVEL. Le Prince.
351 MAETERLINCK (Maurice). La vie des abeilles.
352 — Le trésor des humbles.
353 — La mort.
9 MAISTRE (Xavier DE). Œuvres complètes.
262 — —
6 MAILLOUX (Auguste). La terre bretonne.
194 MALHERBE. Poésies complètes.
118 MALLARMÉ (Stéphane). Vers et prose.

140 MANUEL (Eugène). En voyage.
143 — Pendant la guerre.
291 MARCAGGI. Chants de la mort et de la vendetta.
212 MARCEL (abbé). Chefs-d'œuvre de l'éloquence 2 *vol.*
266 MARCHANGY. Le bonheur (poème).
274 MARIVAUX. La vie de Marianne.
35 MARMONTEL. Bélisaire.
37 — —
61 MATHIEU (G.). Parfums, chants et couleurs (poésies).
198 MAUPASSANT (Guy DE). Des vers.
134 MAURY (François). Figures et aspects de Paris.
609 MELLIER (E.). Le Tasse.
146 MÉNARD (Louis). Poèmes.
136 MÉZIÈRES (A.). Au temps passé.
46 MICHEL (Sextius). La petite patrie. 2 *vol.*
50 MICHELET (Jules). Le peuple.
70 — —
62 — L'oiseau.
63 — La femme.
64 — La mer.
65 — L'insecte.
80 — Bible de l'humanité.
87 — L'amour.
88 — La montagne.
90 — La sorcière.
1 MILLEVOYE. Poésies.
338 — —
29 MILTON. Le paradis perdu.
27 MISTRAL (Frédéric). Mireille.
100 MONSELET (Charles). Les souliers de Sterne.
313 — Petits mémoires littéraires.
241 MONTAIGNE (DE). Essais. 2 *vol.*
151 MONTÉGUT (Emile). Mélanges critiques.
185 MONTESQUIEU. Grandeur et décadence des Romains.
208 — —
248 — Lettres persanes.
297 — Œuvres. 2 *vol.*
111 MOREAU (Hégésippe). Œuvres complètes.
172 MORHARDT. Le livre de Marguerite.
610 MOULLOT (Paul). Boileau.
279 MUHLFELD (Lucien). Le monde où l'on imprime.
78 MUSSET (Alfred DE). Premières poésies (1829 à 1835).
79 — Poésies nouvelles (1836 à 1852).
85 — —
154 — Mélanges de littérature et de critique.
166 — Œuvres posthumes.
384 NOAILLES (Comtesse DE). Le cœur innombrable.
385 — Les éblouissements.
220 PARIGOT (Hippolyte). Le théâtre d'hier.
139 PAUL-MICHEL. Bleu de province (poésies).
199 PAYOT (Jules). L'apprentissage de l'art d'écrire.
5 PÉHANT (Emile). Sonnets et poésies.
168 PELLISSIER. Le mouvement littéraire au 19e siècle.
361 — Anthologie des prosateurs français.
290 PERRENS. La littérature française au 19e siècle.

283 PÉTRARQUE. Canzones, triomphes et poésies diverses.
380 PONCHON (Raoul). La muse au cabaret.
51 POPE. Œuvres complètes. 8 *vol.*
304 POTEL (Mme). Les auteurs français contemporains.
358 POUCHKINE (Alex.). Poèmes dramatiques.
370 PRADEL (Octave). Chansons gauloises.
245 QUINET (Edgar). Œuvres.
228 RAMEAU (Jean). Les féeries.
246 RENAN (Ernest). Pages choisies.
218 — Souvenirs d'enfance et de jeunesse.
254 — —
259 — —
280 — Mélanges d'histoire et de voyages.
296 — Feuilles détachées.
57 RICHEPIN (Jean). La mer.
169 — Les blasphèmes.
171 — La bombarde.
388 RICTUS (Jehan). Le cœur populaire.
389 — Les soliloques du pauvre.
292 ROBERT (Léon). Cours de lecture expliquée.
203 ROBINOT-BERTRAND. La légende rustique.
204 — La fête de Madeleine.
205 — Au bord du fleuve.
82 RODRIGUES. Poésies sociales des ouvriers.
175 ROD (Edouard). Giacomo Leopardi.
310 — Morceaux choisis des littératures étrangères.
2 ROLLINAT (Maurice). La nature.
176 — Dans les brandes.
54 ROUSSEAU (J.-B.). Œuvres choisies.
8 ROUSSEAU (J.-J.). Emile ou de l'éducation.
21 — La nouvelle Héloïse.
45 — Confessions.
142 — Œuvres diverses. 3 *vol.*
148 — Petits chefs-d'œuvre.
149 — Correspondance. 3 *vol.*
76 RUSKIN. Pages choisies.
130 SAINTE-BEUVE. Volupté.
200 — Causeries du lundi. 16 *vol.*
295 — Pages choisies.
3 SAINT-LAMBERT (DE). Les saisons (poèmes).
137 — —
359 SAINT-MARC GIRARDIN. Cours de littérature dramatique. 2 *vol.*
144 SARCEY (Francisque). La tragédie.
145 — La comédie.
332 — Souvenirs d'âge mûr.
4 SCARRON. Le roman comique.
222 SCHILLER. Œuvres dramatiques. 3 *vol.*
363 SCHURÉ. Les prophètes de la Renaissance.
177 SCUDO (P.). Le chevalier Sarti.
18 SÉVIGNÉ (Mme DE). Lettres choisies.
365 SKIPIS. Anthologie.
354 SOUDAY (Paul). Les livres du temps. 2 *vol.*
32 SOUVESTRE (Emile). Trois femmes.
77 STAËL (Mme DE). Delphine.

91 Staël (Mme de). Delphine.
105 — Corinne ou l'Italie.
201 — De l'Allemagne.
181 Stendhal (de). Promenades dans Rome. 2 *vol.*
165 Stern (Daniel) Florence et Turin.
7 Sterne. Voyage sentimental en France.
197 Sully-Prudhomme. La justice (poëme).
247 — Poésies.
173 Thierry (Augustin). Les grandes mystifications littéraires.
224 Thucydide et Xénophon. Œuvres complètes.
170 Tichy (Hippolyte). Premières poésies.
325 Tolstoï (comte Léon). Souvenirs.
333 — Qu'est-ce que l'art?
324 Topffer. Réflexions et menus propos.
234 Trèves (J.-A.). Souvenirs de Nice.
318 Ulbach (Louis). Ecrivains et hommes de lettres.
174 Uzanne (Octave). Sottisier des mœurs.
97 Vacquerie (Auguste). Profils et grimaces.
164 — —
179 — Mes premières années de Paris.
273 Verhaeren (Emile). Toute la Flandre. 2 *vol.*
56 Veuillot (Louis). Les couleuvres.
252 — Œuvres diverses.
249 Vigny (Alfred de). Poésies.
314 — Journal d'un poète.
66 Volney (C.-F.). Les ruines.
152 — Œuvres. 8 *vol.*
36 Voltaire. Romans philosophiques.
41 — Poèmes et contes.
42 — Mélanges historiques.
113 — Œuvres choisies.
213 — —
119 — Contes et satires.
120 — Poésies, discours en vers sur l'homme.
121 — Le siècle de Louis XIV.
122 — Mélanges historiques. 2 *vol.*
123 — Mélanges littéraires. 2 *vol.*
124 — Commentaires sur Corneille. 2 *vol.*
125 — Correspondance générale. 10 *vol.*
126 — Correspondance avec le roi de Prusse. 2 *vol.*
127 — Correspondance avec d'Alembert.
264 — Romans et contes. 2 *vol.*
319 — — 2 *vol.*
315 — Pages choisies.
326 — Zadig, Candide, Micromégas.
601 — Romans. 2 *vol.*
302 Walch. Anthologie des poètes français contemporains. 3 *vol.*
182 Wyzewa (de). Chez les Allemands.
293 Zidier (Gustave). La légende des écoliers de France.
98 *** Satire Ménippée.
306 *** —
187 *** L'œuvre de Alfred de Musset.
311 *** Conférences sur le théâtre.

T. — Théâtre, Musique.

155 ADAM (Paul). Les mouettes.
80 ANCEY (Georges). Ces Messieurs.
62 ARISTOPHANE. Théâtre.
103 AUDRAN (Edmond). La cigale et la fourmi.
108 — Le grand Mogol.
117 — La Mascotte.
120 — Miss Helyett.
40 AUGIER (Emile). Les effrontés.
56 — Théâtre complet. 6 *vol.*
83 — Le fils de Giboyer.
85 — Lions et renards.
140 BALZAC (Honoré DE). Théâtre complet. 2 *vol.*
195 — —
2 BANVILLE (Th. DE). Comédies.
9 BEAUMARCHAIS. Théâtre.
44 — Le mariage de Figaro.
50 — Eugénie. Le barbier de Séville.
176 — La mère coupable. Lettres.
23 BECQUE (Henry). Michel Pauper.
95 — Théâtre complet. 2 *vol.*
11 BERNSTEIN (Henry). Joujou.
66 BERQUIN. Théâtre. 10 *vol.*
102 BIZET. Carmen.
55 BORNIER (H. DE). La fille de Roland.
189 BOUCHOR (M.). Théâtre pour les jeunes filles.
87 BOUKAY (Maurice). Chansons d'amour.
63 BOURGET (Paul). La barricade.
79 BRIEUX. Les avariés.
90 — Les remplaçantes.
100 BRUNEAU (Alfred). L'attaque du moulin.
127 — Le rêve.
28 CAPUS (Alfred). La veine.
29 — La bourse ou la vie.
67 CARRÉ et BARBIER. Mignon.
114 CHARPENTIER (Gustave). Louise.
39 COLLIN D'ARLEVILLE. Théâtre.
4 COPPÉE (François). Le rendez-vous. Prologue d'aventure, etc.
5 — Le trésor. La bataille d'Hernani, etc.
6 — Severo Torelli.
53 — Le passant.
54 — L'abandonnée.
49 CORNEILLE. Théâtre. 2 *vol.*
69 COURTELINE (Georges). Les marionnettes de la vie.
98 — Les bonnes pièces.
20 CRÉBILLON. Œuvres.
148 CUREL (Francis DE). La danse devant le miroir. La Figurante.
149 — L'envers d'une Sainte. Les Fossiles.
151 — Le repas du lion. La fille sauvage.
52 DAUDET (Alphonse). L'obstacle.

70 DAUDET (Alphonse). L'obstacle.
173 — —
71 — La menteuse.
174 — —
502 DAUPHIN. Anthologie des maîtres de la musique.
30 DELAVIGNE (Casimir). L'école des vieillards.
113 DELIBES (Léo). Lakmé.
88 DELORME (Marie). Le théâtre chez grand'mère.
77 DESTRANGES (Et.). Le théâtre à Nantes (1430-1901).
105 DONIZETTI. La favorite.
96 DONNAY (Maurice). Le torrent.
180 — Le retour de Jérusalem.
172 DONNAY et DESCAVES. La clairière.
146 DUHAMEL (Georges). L'œuvre des athlètes.
57 DULOCLE et BLAU. Sigurd.
10 DUMAS (Alex. père). Théâtre. 2 *vol.*
36 DUMAS (Alex. fils). Le père prodigue.
76 — —
74 — Le fils naturel.
177 — —
75 — Les idées de Mme Aubray.
81 — Le demi-monde. La question d'argent.
138 — Théâtre complet. 7 *vol.*
157 DURU et CHIVOT. Les orphéonistes en voyage.
34 ERCKMANN-CHATRIAN. L'ami Fritz.
89 — La guerre.
163 — —
42 — Les Rantzau.
32 FEUILLET (Octave). Scènes et comédies.
33 FONGERAY (DE). Les soirées de Neuilly. 2 *vol.*
43 GAUTHIER (Théophile. Théâtre).
36 GIRARDIN (Emile DE). Le supplice d'une femme.
504 — Les deux sœurs.
68 GONCOURT (Ed. et J. DE). Théâtre.
104 GOUNOD. Faust.
129 — Roméo et Juliette.
41 GRESSET. Vert-vert. Les Visitandines.
58 GUICHES (Gustave). Snob.
181 GUÉCHOT (M.). Théâtre de famille.
112 HALÉVY. La Juive.
161 HARAUCOURT (Edm.). Les Oberlé.
145 HAUPTMANN. Les tisserands.
97 HERMANT (Abel). Le faubourg.
115 HERVÉ. Mam'zelle Nitouche.
78 HERVIEU (Paul). Théroigne de Méricourt.
72 HUGO (Victor). Ruy-Blas.
184 — —
73 — Hernani.
119 — Cromwell.
123 — Angelo.
136 — Torquemada.
141 — Les Burgraves.
142 — Marion de Lorme.
143 — Le Roi s'amuse.
158 — Lucrèce Borgia.

183 Hugo (Victor). Lucrèce Borgia.
185 — La Esmeralda.
166 Ibsen (Henrik). Le canard sauvage. Rosmersholm
192 — Les revenants. Maison de poupée.
59 Labiche (Eugène). Théâtre. 10 *vol.*
130 Lalo. Le roi d'Ys.
25 Lamartine (de). Toussaint Louverture.
60 Landelle (G. de la). Chansons maritimes.
193 Lavedan (Henry). Le vieux marcheur.
16 Leclerq (Th). Proverbes dramatiques. 4 *vol.*
106 Lecocq (Ch.). La fille de Madame Angot.
503 Lemercier de Neuville. Les pupazzi noirs.
7 Lomon (Charles). Jean Dacier.
1 Mace (Jean). Théâtre du petit château.
152 Marivaux. Théâtre choisi.
122 Massé (Victor). Les noces de Jeannette.
116 Massenet. Manon.
187 Maupassant (Guy de). Théâtre.
167 Meilhac et Gille. Manon.
8 Meilhac et Halévy. Théâtre. 8 *vol.*
46 Mendès (Catulle). Les mères ennemies.
51 Mérimée (Prosper). Théâtre de Clara Gazul.
164 Méry (J.). Une nuit de Midi.
99 Meyerbeer. L'Africaine.
111 — Les Huguenots.
125 — Le pardon de Ploërmel.
126 — Le Prophète.
12 Molière. Œuvres complètes. 3 *vol.*
13 — Œuvres. 2 *vol.*
45 — Œuvres complètes 3 *vol.*
61 Musset (Alfred de). Comédies et proverbes 2 *vol.*
64 — Lorenzaccio.
178 Normand (Jacques). Paravents et tréteaux.
107 Offenbach. La fille du tambour-major.
194 Pailleron. (Ed.). Le monde où l'on s'ennuie.
124 Paladilhe. Patrie.
128 Planquette (R.). Rip-Rip.
147 — Les cloches de Corneville.
38 Ponsard. L'honneur et l'argent. Le lion amoureux.
84 — Le lion amoureux.
134 Puccini. La vie de bohême.
94 Quémeneur (Eug.). Fatalité
191 Racine. Œuvres complètes. 5 *vol.*
19 Régnard. Œuvres. 2 *vol.*
190 Renard (Jules). Comédies.
131 Reyer. Salammbô.
133 — Sigurd.
135 Roger (Victor). Les 28 jours de Clairette.
101 Rossini. Le barbier de Séville.
109 — Guillaume Tell.
65 Rostand (Edmond). L'Aiglon.
156 — Cyrano de Bergerac.
169 — —
188 — Chantecler.
132 Saint-Saëns. Samson et Dalila.

26 SAND (George). Théâtre complet. 2 *vol.*
165 — Les sept cordes de la lyre.
21 SARDOU (Victorien). La famille Benoiton.
86 — —
22 — Rabagas.
37 — Séraphine.
91 SARDOU et NAJAC. Divorçons.
14 SCRIBE. Théâtre. 3 *vol.*
57 — Les Huguenots.
153 — Le Prophète. Le Châlet.
154 — La Juive.
501 — Haydée. Le cheval de bronze, etc.
27 SÉDAINE. Œuvres choisies.
15 SHAKESPEARE. Œuvres choisies. 2 *vol.*
18 SUPERSAC et SOULARY. Arlequin et Colombine. Un grand homme qu'on attend.
17 THEURIET (André). Jean-Marie. La révolte. Flava.
110 THOMAS (Ambroise). Hamlet.
118 — Mignon.
186 TOLSTOÏ (comte Léon). La puissance des ténèbres.
47 VACQUERIE. Tragaldabas. Funérailles de l'honneur.
48 — Souvent homme varie. Jean Baudry. Le fils.
121 VARNEY (Louis). Les mousquetaires au couvent.
137 VIGNY (Alfred DE). Théâtre complet.
168 — Journal d'un poète. Le More de Venise.
24 VOLTAIRE. Théâtre.
31 — — 7 *vol.*
92 WILLY. La mouche des croches.
82 *** Magasin théâtral. 9 *vol.*
93 *** Théâtre de campagne. 3 *vol.*
139 L'Illustration théâtrale. Année 1904. 2 *vol.*
159 — — 1906. 3 *vol.*
160 — — 1907. 4 *vol.*
170 — — 1908. 4 *vol.*
175 — — 1909. 4 *vol.*
179 — — 1910. 4 *vol.*
182 — — 1911. 4 *vol.*
196 — — 1912. 4 *vol.*
197 — — 1913. 4 *vol.*
198 — — 1914. 3 *vol.*
199 — — 1919. 1 *vol.*
200 — Années diverses. 4 *vol.*
201 — 1920. 1 *vol.*
202 — 1921. 1 *vol.*
203 — 1922. 1 *vol.*
166 L'Illustration (supplément musical). 1904 1905.
171 — — 1901-1908.

V. — Dictionnaires, Encyclopédies.

33 ALDER-MESNARD. Dictionnaire français-allemand.
12 ALEMBERT (D'). Encyclopédie (mathématiques). 3 *vol.*
6 BESCHERELLE. Dictionnaire national. 4 *vol.*

18 BOUANT (E.). Dictionnaire des connaissances pratiques.
19 — Dictionnaire des sciences usuelles.
3 CARRÉ (J). Le vocabulaire français.
14 CHABROL (DE). Dictionnaire de législation usuelle.
26 COUPIN (Henri). Animaux de nos pays.
24 DAMÉ (F.). Tout ce qu'il faut savoir : I. Sciences pures. II. Sciences appliquées. 2 *vol.*
4 DEMANGEON (A.). Dictionnaire de géographie.
32 DESORMES et BASILE. Dictionnaire des arts graphiques. 2 *vol.*
13 DOMÉNY DE RIENZI. Dictionnaire de géographie.
9 DUBNER (F.). Lexique français-grec.
25 GALTIER-BOISSIÈRE (docteur). Dictionnaire de médecine usuelle.
29 GOBLOT (Edm.). Vocabulaire philosophique.
30 GRIMBLOT (L.). Vocabulaire synthétique de la langue française.
22 LARCHEY (Lorédan). Dictionnaire historique d'argot.
1 LARIVE et FLEURY. Dictionnaire des mots et des choses. 3 *vol*
27 LAROUSSE (Pierre). Fleurs latines.
28 — Fleurs historiques.
8 LOLIÉE (F.). Dictionnaire des écrivains et des littérateurs.
11 MALTE-BRUN. Dictionnaire géographique.
31 NEYMARCK (Alfred). Vocabulaire d'économie politique.
20 ROUAIX (P.). Dictionnaire des idées suggérées par les mots.
7 ROUSSEAU (J.-J.). Dictionnaire de musique.
34 RUCCIERI et GÉRARD. Dictionnaire français-italien.
2 VILLIER. Dictionnaire français et latin.
21 ZOLLA (Daniel). Dictionnaire d'agriculture.
5 *** L'esprit de l'encyclopédie. 13 *vol.*
10 *** Guide polyglotte en six langues.
15 *** Dictionnaire de la conversation. 52 *vol.*
16 *** Un million de faits.
17 *** Biographie portative universelle.
23 *** Dictionnaires des rues et monuments de Paris.

Z. — Recueils illustrés, Revues.

1 Journal des enfants. 1856.
2 Je sais tout. 1906. 2 *vol.*
4 — 1908. 2 *vol.*
5 — 1909. 2 *vol.*
6 — 1910. 2 *vol.*
7 — 1911. 2 *vol.*
8 — 1912. 2 *vol.*
9 — 1913. 2 *vol.*
25 — 1914. 2 *vol.*
27 — 1915. 2 *vol.*
29 — 1916. 2 *vol.*
30 — 1917. 2 *vol.*

74 Je sais tout. 1918. 2 *vol.*
75 — 1919. 2 *vol.*
76 — 1920. 2 *vol.*
77 — 1921. 2 *vol.*
227 — 1922 2 *vol.*
38 La Ruche parisienne. 1858-1859.
39 — 1859-1860.
40 — 1864-1865.
10 Revue des feuilletons. 1846.
11 — 1847.
26 Le Magasin pittoresque. Années 1833 à 1882. 51 *vol.*
28 La pensée nouvelle. 1867-1868.
37 L'Omnibus. 1855-1856.
46 Revue encyclopédique. 1898. 2 *vol.*
31 Nouvelle revue. 1879 à 1881 et 1892. 14 *vol.*
93 La Revue Nantaise. 1903.
36 L'Echo des feuilletons. 185[illegible]-1855. 2 *vol.*
12 — 1856.
13 — 1857.
15 — 1859.
16 — 1860.
17 — 1861. 2 *vol.*
18 — 1862.
19 — 1863. 2 *vol.*
20 — 1864.
21 — 1865.
22 — 1866.
23 — 1867.
24 — 1868.
33 Le Monte-Cristo. 1857.
34 — 1858.
35 — 1859.
51 Revues des revues. 1902. 4 *vol.*
64 — 1903. 4 *vol.*
65 — 1904. 6 *vol.*
104 — 1899. 1er semestre. 2 *vol.*
105 — 1900. 4 *vol.*
69 La Revue. 1905. 6 *vol.*
106 — 1906. 6 *vol.*
117 — 1907. 6 *vol.*
131 — 1908. 6 *vol.*
47 Lectures modernes. 1902. 2 *vol.*
48 — 1903. 2 *vol.*
68 — 1904-1905. 3 *vol.*
990 Le Monde moderne. 1895. 2 *vol.*
1 — 1902. 2 *vol.*
136 Nos lectures. 1908.
137 — 1909.
144 Nos lectures chez soi. 1909.
138 La Science pour tous. 1908-1909. 2 *vol.*
145 Je m'instruis. 1909. 2 *vol.*
151 — 1910. 2 *vol.*
139 Fémina. 1909. 2 *vol.*
149 — 1910. 2 *vol.*
156 — 1911. 2 *vol.*

158 Fémina. 1912. 2 *vol.*
164 — 1913. 2 *vol.*
171 — 1914.
92 La Vie scientifique. 1897.
67 Revue universelle. 1904.
71 — 1905. 2 *vol.*
42 Lectures pour tous. 1899-1900. 2 *vol.*
62 — 1902-1903. 2 *vol.*
63 — 1903-1904. 1er semestre.
133 — 1908-1909. 2 *vol.*
152 — 1910-1911. 2 *vol.*
162 — 1912-1913. 3 *vol.*
165 — 1913-1914. 4 *vol.*
174 — 1914-1915. 4 *vol.*
179 — 1915-1916. 4 *vol.*
180 — 1916-1917. 4 *vol.*
183 — 1917-1918. 4 *vol.*
191 — 1919. 2 *vol.*
192 — 1920. 2 *vol.*
193 — 1921. 2 *vol.*
226 — 1922. 2 *vol.*
45 La Nature. 1887. 2 *vol.*
49 — 1888. 2 *vol.*
50 — 1889. 2 *vol.*
55 — 1890. 2 *vol.*
56 — 1891. 2 *vol.*
57 — 1892. 2 *vol.*
58 — 1893. 2 *vol.*
72 — 1894. 2 *vol.*
98 — 1895. 2 *vol.*
99 — 1896. 2 *vol.*
100 — 1897. 2 *vol.*
101 — 1898. 2 *vol.*
107 — — 2 *vol.*
102 — 1899. 2 *vol.*
103 — 1900. 2 *vol.* *1er vol. supprimé.*
110 — 1901. 2 *vol.*
116 — 1902. 2 *vol.*
118 — 1903. 2 *vol.*
129 — 1904. 2 *vol.*
135 — 1905. 2 *vol.*
140 — 1906. 2 *vol.*
141 — 1907. 2 *vol.*
142 — 1908. 2 *vol.*
143 — 1909. 2 *vol.*
147 — 1910. 2 *vol.*
153 — 1911. 2 *vol.*
161 — 1912. 2 *vol.*
163 — 1913. 2 *vol.*
168 — 1914. 2 *vol.*
176 — 1915. 2 *vol.*
181 — 1916. 2 *vol.*
185 — 1917. 2 *vol.*
188 — 1918. 2 *vol.*
189 — 1919. 2 *vol.*

190 La Nature. 1920. 2 *vol.*
218 — 1921. 2 *vol.*
223 — 1921. 2 *vol.*
94 La Science et la Vie. 1913. 3 *vol.*
95 — 1914. 3 *vol.*
96 — 1915. 2 *vol.*
97 — 1916. 2 *vol.*
111 — 1917. 2 *vol.*
113 — 1918. 2 *vol.*
114 — 1919. 2 *vol.*
115 — 1920. 2 *vol.*
219 — 1921. 2 *vol.*
224 — 1922. 2 *vol.*
59 Les Annales politiques et littéraires. 1903. 2 *vol.*
60 — 1904. 2 *vol.*
73 — 1905. 2 *vol.*
78 — 1886.
79 — 1887. 2 *vol.*
80 — 1888. 2 *vol.*
81 — 1889. 2 *vol.*
82 — 1890. 2 *vol.*
83 — 1896. 2 *vol.*
84 — 1897. 1er *vol. sup.*
85 — 1898. 2 *vol.*
86 — 1899. 2 *vol.*
87 — 1900. 2 *vol.*
89 — 1902. 2 *vol.*
109 — 1906. 2 *vol.*
120 — 1907. 2 *vol.*
128 — 1908. 2 *vol.*
134 — 1909. 2 *vol.*
150 — 1910. 2 *vol.*
154 — 1911. 2 *vol.*
160 — 1912. 2 *vol.*
167 — 1913. 2 *vol.*
169 — 1914. 2 *vol.*
175 — 1915. 2 *vol.*
182 — 1916. 2 *vol.*
184 — 1917. 2 *vol.*
187 — 1918. 2 *vol.*
200 — 1919. 2 *vol.*
201 — 1920. 2 *vol,*
202 — 1921. 2 *vol.*
203 — 1922. 2 *vol.*
204 Sciences et voyages. 1921-1920. 2 *vol.*
220 — 1921. 2 *vol.*
221 — 1922. 2 *vol.*
70 L'Illustration. 1905. 2 *vol.*
108 — 1906. 2 *vol.*
119 — 1907. 2 *vol.*
130 — 1908. 2 *vol.*
132 — 1909. 2e *vol. supprimé.*
148 — 1910. 2 *vol.*
155 — 1911. 2 *vol.*
159 — 1912. 2 *vol.*

166 L'illustration. 1913. 4 *vol.*
172 — 1914. 2 *vol.*
173 — 1915. 4 *vol.*
177 — 1916. 4 *vol.*
178 — 1917. 4 *vol.*
186 — 1918. 4 *vol.*
194 — 1919. 4 *vol.*
195 — 1920. 4 *vol.*
196 — 1921. 4 *vol.*
222 — 1922. 4 *vol.*
52 La vie au grand air. 1911. 2 *vol.*
53 — 1912. 2 *vol.*
54 — 1913. 2 *vol.*
170 — 1914. 2 *vol.*
197 — 1914-1918. 1 *vol.*
198 — 1919. 1 *vol.*
199 — 1920. 2 *vol.*
228 — 1921. 2 *vol.*
229 — 1922. 2 *vol.*
Devenue « Très Sport » en 1922.
230 Revue scientifique (Revue rose) 1866-1910. 83 *vol.*
231 Revue politique et littéraire (Revue blanche) 1866-1910. 83 *vol.*

Nantes. — Imprimerie H. Landry, rue Beau-Soleil.

www.ingramcontent.com/pod-product-compliance
Ingram Content Group UK Ltd.
Pitfield, Milton Keynes, MK11 3LW, UK
UKHW021140260726
13994UKWH00001B/235

9 782329 198415